棋士と哲学者

僕らの哲学的対話

戸谷洋志
糸谷哲郎

イースト・プレス

まえがき

戸谷洋志

本書は棋士の糸谷哲郎《いとだにてつろう》と哲学者の戸谷洋志《とやひろし》による対話の記録です。初めに、戸谷から本書の背景や全体像を簡単に説明したいと思います。

僕と糸谷さんは大阪大学の大学院で同じ研究室に所属していました。当時、糸谷さんはすでに気鋭の棋士としてその名を轟かせており、「関西若手四天王」として周知されていました。しかし、世間知らずだった僕は、糸谷さんの顔はおろか名前すら知らず、「へー、有名人がいるんだ」くらいの気分でした。しかし、彼が羽生善治《はぶよしはる》氏に勝利したり、竜王のタイトルを獲得したりすると、「あれ、これはとんでもない人と同級生になってしまったのでは？」と思いを改め始めました。

それでも、そうでもしないと認識が変わらなかったのは、彼があまりにも「普通の院生」に見えたからです。彼は、毎週一人が翻訳を担当する通常の演習に「普通に」参加していました。二コマ続けて行なわれる論文作成演習にも「普通に」参加していました。僕たちと同じように筆箱を使い、電子辞書を使い、缶コーヒーを飲んでいました。彼はどこを切り取っても正真正銘の「普通の院生」でした。ちょっと暗そうで、眼光だけがやたらと鋭く、大きなバッグに大量の本を詰め込み、Tシャツの上に白いシャツを羽織り、ジーンズを愛用する、立派で典型的な大学院生でした。そうと言われなければ、誰も彼が関西四天王の一角を担う「怪物」だとは気づかなかったでしょう。

対話の中で詳しく言及しますが、彼はドイツの哲学者マルティン・ハイデガーの研究をしていました。研究テーマは「世界」という概念に関するもので、哲学研究の中でもかなりの硬派です。一方で、現代の英米圏の議論にも明るく、現代の哲学について非常に広範な知識を持っていました。議論をしていて僕がついていけなくなることもしばしばありました。

それに対して僕は、ハイデガーの弟子の一人であるハンス・ヨナスという哲学者を研究しており、ここから広く科学技術と社会の問題を中心的なテーマにしていきました。これについても対話の中で詳しく説明しています。

論文作成演習では、毎週一人の担当者が自分の研究についてレジュメをつくってきて、それにもとづいて院生たちが議論をします。「議論」といっても、普通の人がイメージするそれよりも、はるかに殺伐としていて、攻撃的です。レジュメの中の隅々にまで目を配らせ、相手が参る質問を次々に投げかけていきます。下手な質問をすれば、かえって質問者が恥をかくことにもなるため、毎回が真剣勝負でした。

そうした議論の中で、糸谷さんは異彩を放っていました。将棋界においてそうであるように、哲学的な議論においても彼は「早指し」の名手でした。発表者が発表を終えると、もはや食い気味とも思える速度で挙手し、問題点を早口で列挙します。ボーカロイドが喋っているのかと思うくらいの早口です。そうした議論において彼は手の内を隠しません。最初に思いつく限りのすべての問題を指摘してくるのです。僕はいまでも忘れられないのですが、かつて、いきなり「えー、八個質問があるのですが」と言われ、速射砲のように批判を受けたことがあります。研究生活をしていて、あんな目に遭ったのはあれが最初で最後です。

僕が大学院生時代の糸谷さんに対して抱いていた印象は、彼がつねに論理に忠実であり、物事を真剣に理解しようとする人物である、ということです。彼にはいい意味で教育的配慮がありません。相手が答えられる質問から、段階的に本質に迫っていき、本人が自分で問題を自覚するようになる、などといったテクニックを、彼は使いません。彼にとって関心があるのは、自分が理解できるか否か、ただそれだけです。そしてそれは、どんなときでも相手を対等な議論のパートナーとして承認し、ひとつの事柄を理解し合うための協働者として受け入れていることを意味します。一方で、教育的配慮はつねに非対称的な関係を前提にせざるをえません。

その意味で、彼は「理性」を重んじる人間です。それは彼が棋士であることと、きっと無関係ではないでしょう。しかし、その理性は、将棋において発揮されるような、相手を追い詰める戦略的な理性とは異なります。むしろ、他者との対等な関係を尊重し、たとえ自分に都合が悪いことでも受け入れること、それが彼の変わらないスタイルでした。

そうした姿勢は彼のユーモアに溢れた人物像をもたらしているようにも思えます。彼は不当な差別をしません。そのため、たとえ相手が目上の人物であっても、必要なときには歯に衣着せぬ容赦のない言葉を放ちます（本人は自分が丸くなったと言っていますが、私に言わせれば三角形が五角形になったくらいのものです）。それが彼に将棋界における

「怪物」という異名を与えたのかもしれません。一方で、彼は性的な偏見にも徹底して反対します。そのためか、休日に英国風の可愛らしいカフェでアフタヌーンティーを楽しんだり、ちょっと鬱陶しいくらいに猫好きをアピールするなど、いわゆる「女子」っぽい趣味を隠そうとしません（おそらくこうした言い方に彼は反対するでしょう。それらを「女子っぽい」と判断すること自体が、「女子」なるものへの偏見に根差しているからです）。

そのため、彼は怪物のわりにはチャーミングでもあります。彼が将棋界で竜王を獲得した後、研究室で彼は「ドラゴンキング」という愛称で呼ばれ、竜王の座を失ったあとは、「ポストドラゴンキング」と呼ばれていました（「ポストドラゴンキング」については主に僕が言っていたのですが、流石の糸谷さんもムッとしていたので、しばらくして言わなくなりました）。過去に、そういうふうに呼ばれることを許した歴代竜王は、間違いなく糸谷さん以外に存在しないでしょう。それほどまでに彼は周囲から愛されていましたし、そして周囲に対して寛容でした。

糸谷さんと僕は同い年で、よく飲みに行きました。朝までカラオケをしたこともありました（糸谷さんはしばしばレッド・ツェッペリンを歌いました）。美食家の糸谷さんに連れられて獣肉を食べに行ったこともありました。僕たちは行儀のいい友達というよりは、「悪友」でした。お互いがお互いをいじり、どこまで本気なのかわからない冗談を言い合いました。しかし、議論になれば真剣になり、時には険悪になることさえもありました。もちろん、そうした険悪さはアルコールによって記憶とともに漂白され、店を出るときには肩を組んで歩くこともよくありました。

やがて、糸谷さんと僕はそれぞれ研究室を離れることになりました。僕は二〇一七年に退学し、現在は追手門学院大学に特任助教として勤務しています。前述の通り、僕はヨナスを主な研究対象にしてきましたが、その一方で市民との対話型ワークショップ「哲学カフェ」を各地で開催してきました。これは、その場に集まった市民の方と特定のテーマについて語り合う、という趣旨のもので、現在も京都で定期的に主催しています。

一方、糸谷さんは修士号を取得された後、棋士としての活動に専念されるようになりました。二〇一八年にはA級に昇格し、名実ともに日本トップの棋士に昇り詰めたことは、もはや説明不要でしょう。

この対談は二〇一八年の夏に行なわれました。実は二人でゆっくり話したのは随分久しぶりでした。そのためか、当日の議論は多岐にわたり、様々な論点について話し合うことになりました。もしかしたら、読者の中には議論が拡散しているように思われる方もいらっしゃるかもしれません。そこで、ここに一本の補助線を引くことで、本書の全体の内容に見通しをつけてみたいと思います。

この対談の中心的な問題は、「戦い」です。言うまでもありませんが、これはきわめて普遍的なテーマです。この本を読んでいるあなたも、きっと何かと戦っているはずです。何とも戦っていない人などおそらく存在しないでしょう。そうであるとしたら、私たちは、つねに「戦い」の内部にいる、言い換えるなら、「戦い」に外部はない、と考えることもできるのかもしれません。戦いを否定して、平和を実現しようと活動することも、それはそれでまた、平和を実現するための戦いなのです。

昨今、「戦い」は極端に両義的に評価されているように思います。一九九〇年代以降、日本の学校教育では「ゆとり教育」が奨励され、競争を否定する教育施策が行なわれてきました。それによって、子どもたちは悪目立ちする行動を抑制するようになり、「空気を読む」能力に長けていきました。しかし、その一方で、苛烈に「戦い」を欲望する傾向も見られます。ＡＫＢ48の選抜総選挙、リベラルと保守のイデオロギー対立などは、その顕著な例でしょう。一方で「戦い」を遠ざけながら、他方で「戦い」を渇望する、そうした屈折した状況に私たちは置かれているように思います。

こうした屈折は、「戦い」に対する私たちの感覚を未熟にさせていきます。言い換えるなら、私たちには「洗練された戦い方」ができなくなりつつあるのです。あるいは、「戦い」を肯定するか、否定するかだけが問題になり、「正しく戦っているか」否かが問われなくなっている、ということでもあります。私たちは「戦い」の中で、本当に強い「敵」と戦うことを望んでいるでしょうか。そして、その「敵」と望ましい関係を構築できているでしょうか。

「戦い」の感覚の未熟化は、私見では、ヘイト・スピーチの問題において露骨に表れています。それはもっとも稚拙な戦い方の典型例です。自分よりも遥かに弱い者を「敵」に認定し、「敵」を承認するのではなく嫌悪し、その存在を否定しようとします。政治的信条の違いは当然あるし、言論をぶつけ合うことは何も問題ではありません。むしろ問題なのは、その戦い方が愚劣であることに他なりません。そして、この問題の根底にあるのは、私たちが「戦い」の感覚を十分に鍛えていないこと、「戦い」の倫理を正しく学んでいないことに由来する。僕にはそう思えてなりません。

そうした観点から眺めたとき、糸谷さんは、言うなれば常人離れした「戦いの人」であると言えます。彼は棋士であり、文字通り戦いによって生計を立てています。将棋はきわめて数学的なゲームであり、偶然の要素は徹底的に排除されています。勝敗の責任は言い逃れの余地なく棋士にのしかかってきます。糸谷さんはそうした緊張感の中で毎日を生きているのです。

考えてみれば、それは恐ろしい生活です。この一局に勝つか負けるかが、今後の人生を、多かれ少なかれ決定してしまう。そこには、日常と呼べるような恒常性あるいは安定性が欠落しています。そのストレスに耐えることは簡単であるはずがありません。今日、獲物を狩ることができなければ、飢餓で死んでいってしまう、狩人のような生活です。そうした中で、彼はどうやって自分の精神を維持しているのか、どうやって日常と非日常の折り合いをつけているのか、それは僕にとって大きな謎でした。

そうした、彼の「戦い」に関する考えを引き出すこと、「戦い」のあるべき姿に関する考え方を浮き彫りにすること、そしてそれをひとつの思想として普遍化し、この社会の問題へと適用することが、この対談で僕がやりたかったことのひとつです。

もっとも、僕の思惑通りにそれが実現するなどと思っていたわけではありません。むしろ、そうした問題について僕たちが対話するとき、どんな化学反応が起きるのか、生産的な議論になるのか、それともすれ違ったまま話が終わるのか、その成り行きそのものにも関心がありました。

前述の通り、僕は哲学カフェを開催していて、そこでは対話が安全に行なわれるようコーディネートしています。哲学カフェではしばしば喧嘩が起こります。ハラスメント発言が飛び出すこともあります。そうしたときに、参加者の不快感を和らげ、議論を鎮静化させることも主催者の仕事です。その意味では、僕は「戦い」を穏やかなものにし、その緊張感や危険性を和らげることを重視しています。ある意味では、それは「戦い」を「戦い」ではなくすることなのかもしれませんし、そうだとしたら、僕は「戦い」に対して否定的な陣営に属することになります。

一方で、糸谷さんは「戦い」の世界に生きる勝負師です。容赦なく対戦相手を討ち果たし、その戦いのために生活をデザインし、死体の山を築いてきたはずです。その意味で、少なくとも将棋に関しては、彼は「戦い」を肯定する陣営に属すると言えます。もちろん、だからと言って、僕が平和的で友愛に満ちた人物で、糸谷さんが血に飢えた野蛮な奴だ、などと言いたいわけではありません。むしろ、僕の考えでは、「戦い」をただそれだけで否定する態度こそが、「戦い」の未熟化、それにともなう野蛮化を引き起こしています。

だからこそ、僕は糸谷さんとの対話の中で、自分の考えがどのように変わるのか、どんな新しいアイデアが生まれてくるのかを、楽しみにしていました。そしてそれは僕たちの生きる社会の未来を考えるとき、ひとつの重要な示唆を与えてくれるのではないか、と考えていました。実際に、対話がどんな結末を迎えたのか——それは、是非、あなたがその目で確かめてください。

各章の全体像を概観してみたいと思います。

第一章では勝負論を主題にしています。糸谷さんの勝負観や、勝負のためにどんな生活をしているのかを聞きました。一方、私は、研究者や哲学者にとって勝負が何を意味しているのかを話しています。ここで議論の中心になるのは、「戦略」と「戦術」の区分です。そしてこの区分はその後の対談を貫く通奏低音になっていきます。

第二章では、人工知能の問題が扱われました。人工知能と将棋の話題を取っ掛かりに、エンターテイナーとしてのプロ棋士を人工知能が代替できるか、という議論が展開されます。ここでは、人工知能の是非そのものを問うのではなく、なぜ人間は「戦い」を見ようとするのか、エンターテインメントとしての「戦い」に求められるものは何か、という問題が論じられることになります。

第三章では、哲学と社会の問題について対話がくり広げられます。糸谷さんが研究していたハイデガー、私が研究しているヨナスを皮切りに、両者をつなぐナチス・ドイツの問題と現代のポピュリズム、左右対立、ヘイト・スピーチといった問題を論じます。また、ハンナ・アーレント、ユルゲン・ハーバーマス、エマニュエル・レヴィナス、リチャード・ローティなどの思想を援用しながら、現代社会の価値多元主義と人権主義のあり方、またコミュニティ形成の問題についても議論しています。

第四章では世代論、特に僕と糸谷さんの世代における幸福論がテーマになります。糸谷さんと僕は同い年で、ともに昭和六三年生まれです。平成の始まりと歩みを共にし、物心のつく前にはバブルが崩壊していました。教育としてはいわゆる「ゆとり教育」を受けて育った世代です。そんな僕たちも今年（二〇一八年）で三〇歳になり、ビジネスやスポーツの世界で成功を収め、社会的な影響力を持つ同世代も多く見受けられるようになってきました。そうした僕たちの世代にとって、幸福とは何なのか、あるいは、みんなが幸福に生きるにはどうしたらよいのか、「戦い」の問題と関連させながら議論していきます。

残念ながら、僕たちの対話から、ビジネスにおいて即効的に役立つティップスは得られないかもしれません。また、その対話を読んだからといって、人生の息苦しさが急速に解消されることもないかもしれません。

しかしこの対話は、僕たちの生きている社会を新しい光のもとで眺めるための、ひとつの篝火《かがりび》にはなるのではないかと考えています。そしてそれは、ビジネスに役立つとか、人生の息苦しさが解消されるとかと同様に、場合によってはそれ以上に、この社会にとって重要なことだと信じています。

前置きが長くなりました。そろそろ本編をお目にかけましょう。

これは、棋士・糸谷哲郎と、哲学者・戸谷洋志の、ある対話の記録です。

3章／哲学と社会の関係

1章
勝負論

「戦略」と「戦術」

戸谷 世間では「勝負論」が多くの人の興味を惹いています。勝つか負けるかの世界で生きている糸谷さんにとって、勝負とはどういうものですか。

糸谷 まず、どこからどこまでを勝負とするかという問題があります。短期的な視点で、目の前の一局に勝てばよしと考えるか。それとも長期的な視点で、棋士人生のトータルで勝てばよしと考えるか。

戸谷 短期的な「戦術」＝タクティックスと、長期的な「戦略」＝ストラテジーの違いですね。

糸谷 結論を言うと、勝負においていちばん重要なのは、「最終的にどこを着地点にするか」だと思います。一〇〇戦全勝は、まず絶対に無理です。羽生善治先生でさえ、勝率七割ですから。一〇回のうち三回は負けている。目先の勝利にとらわれず、自分が本当に勝つべきはどこなのかをよく考えることが、非常に重要だと思いますね。

戸谷 つまり、戦略的な勝利を目指すことが重要であると。

糸谷 古代中国の歴史をひもといて言えば、劉邦《りゅうほう》が項羽《こうう》に一〇〇戦九九敗しながら、最後の一勝のみで漢をつくるに至ったみたいな話ですね。

戸谷 糸谷さんって将棋の世界でもエリートであり、学問の世界でもエリートなわけじゃないですか。

糸谷 全然そんなことないですよ(笑)。

戸谷 そんな糸谷さんから見て、将棋における勝負と、学問における勝負は似たものですか、それともはっきり違うものですか。

糸谷 その問いも、戦術的、戦略的、どちらで考えるかで変わってくると思います。戦術的に考えるなら、将棋は一対一のゲームで、ルールも明確なので、勝敗がきわめて明確です。一方、学問の場合、人によって基準が違ってくる。ライバルのあいつより点をとることができればいいのか、平均より上ならいいのか、満点でないと負けなのか、赤点でなければ勝ちなのか。

戸谷 勝敗の基準を自分で設定できてしまう。

糸谷 その意味では、将棋と学問はまったく違う勝負ですよね。ところが戦略的に見た場合、棋士にとっての勝利とはなんなのか、人それぞれに異なってくる。戦略的な勝利が不明確という意味では、哲学者にも同じことが言えるのかもしれないですね。戸谷さんはこれまでの人生で、勝負したぞって思った経験はありますか。

戸谷　僕はあまりないかな。受験勉強にしても、糸谷さんは大学から大阪大学ですよね。僕は大学院からなんです。大学受験はあまりうまくいかなかったんですよ。センター試験の数学なんて一〇点台だったし。

糸谷　一〇点台？

戸谷　ふざけていると思っているでしょ(笑)。いや、本当に頑張って一〇点台だったんですよ。そんな僕からすると、毎日、一定の時間、机に向かって勉強し続ける習慣を身につけていること自体、すごいと思う。当時の僕には、それが難しかったんです。おそらく糸谷さんは、棋士としての将棋の勉強と、受験生としての学問の勉強をうまく両立させていたと思うんだけど、その習慣ってどう身につけたんですか。

糸谷　私は勉強というより、とにかく実戦をするスタイルでしたね。将棋で言えば、一人で詰め将棋をするのではなく、ひたすら実戦で相手と戦う。勉強で言えば、基礎勉をしないで、ひたすら問題集を解き続ける。

戸谷　ひたすらやるのってつらくないですか。

糸谷　だって、やるしかないから。

戸谷　「やるしかない」で専念できるのがすごいな。少しだけ視点をずらすと、勝負論が世間の関心を集める一方で、「勝負しない」「勝ち負けをつくらない」風潮もあると思う。小学校の運動会では、徒競走みたいな勝ち負けがつくものより、ダンスや体操みたいなものが重視されているというし、みんなで手をつないで走るという謎の種目が誕生していたりもする。

糸谷　競争をできるだけ見えないようにしたいという意図が感じられますね。

戸谷　ただ、その反動らしきものもあって、たとえば最近、漫画『ドラゴン桜』（三田紀房、講談社刊）の続編が始まりました。ここでは前時代的な受験競争というか、受験に受かる、つまり勝負に勝つことだけを目的にした高校生活が描かれています。あるいはAKB48は、選抜総選挙やじゃんけん大会のように、勝負そのものをショーにしている。はっきりとした勝ち負けがつくものを、人々が求めている部分もあるのかなと思っているんです。糸谷さんはまさに勝ち負けがはっきりつく世界にいるわけだけど、その糸谷さんから見て、勝ち組、負け組をはっきりつくらない考え方はどう思いますか。

糸谷　それはそれでいいと思います。戦略的な勝利は自己のものだから。「自分が勝ちだと思うなら勝ちだ」という考え方は、決して負け犬の遠吠えではないと思うんです。もっとみんな自分を基準にして、自分が満足できるような勝利を設定したほうがいい。そのほうが豊かな人生になるのではないでしょうか。そのためにはまず、自分がどうなったら満足なのかを考え抜くこと。自分が何をしたいかなんて、自分に聞くしかないですから。

哲学者の「価値」とは

戸谷　棋士には、対戦相手を研究し尽くして弱点を攻めていくタイプと、相手とは関係なく自分の強さを出していくタイプがいると思うんですけど、糸谷さんはどちらですか。

糸谷　私は基本的に、どちらでも行けます。棋士にもいろんなタイプがいますが、どちらのタイプでも一定レベル以上の強さには到達できると思う。優劣の問題ではなく、好みの問題だと思います。

戸谷　どちらかのほうが勝率が高いとかはない？

糸谷　それはないですね。その人に合ったスタイルだったら、どちらでもいいと思う。いちばん勝っている人のスタイルがつねに正しいわけでもないし、それが万人に当てはまるわけではない。勝率を高めたいなら、自分に合うスタイルを見つけ出すことですね。

戸谷　糸谷さんが、すごく気合いを入れて準備してきた試合に負けてしまったときは、どうやって立て直しているんですか。僕、糸谷さんが落ち込んでいる姿を見たことがないんだけど（笑）。

糸谷　少しは落ち込みますよ。将棋って四段からプロになれるんですけど、その昇段をかけた戦いで負けたときはきつかったです。まあ、でも慣れですよ。棋士って負けることに慣れている人たちだと思うんです。あの羽生先生でさえ、五五〇敗以上している。これだけ負けると、自然と立て直しに時間がかからなくなるんです。逆に聞きたいんですが、哲学者の世界に勝ち負けってあるんですか。

戸谷　哲学者を研究者として評価する場合は、論文の数、論文がどれだけ引用されているか、学会発表の数など、客観的で測定可能な数値を用いることがあります。ほかの自然科学の研究者と同じですね。しかし、歴史に名を残している哲学者の影響力が、論文の数で決まっているわけでは当然ありません。

極端な例を挙げれば、古代ギリシャのソクラテスは、論文どころか文章すら書いていないわけです。彼の思想は、弟子たちの著作によって伝えられているものだから。それでも哲学の祖として、いまなお絶大な影響を与えている。一七世紀オランダの哲学者、スピノザは、大学の研究者ではなく、レンズを磨く職人仕事をしていました。英国のジョン・ロック、デイヴィッド・ヒュームらも、職務的には哲学者というより政治家でした。

糸谷　哲学者の価値が何かというのは、簡単には測れないということ？

戸谷　そうです。仮に論文の数ではないとすると、後世の思想への影響が判断材料になってくると思うんですが、ただこれも危うい話だったりします。

たとえば、中世のある時期までは、プラトンこそがもっとも優秀な哲学者で、その弟子にあたるアリストテレスはそこまで重視されませんでした。ところが、あるとき優れた紹介者が現れたおかげで、アリストテレスの思想が一気に普及しました。哲学者その人の思想は何も変わっていないのに、のちの世で誰がどう紹介するか、どう解釈されるかで、まったく評価が変わってしまうことがあるわけです。

このように哲学者の影響力は、のちの世代の解釈によって大きく左右されます。そういう意味で言うと、自分が影響力で勝つためにやれることって、そんなにないんですよね。言ってみれば賭けみたいなもので。

糸谷　戸谷さんの、自分にとっての勝利はなんですか。戸谷さんが何をしたいかがいちばんの問題だと思うんですけど。

戸谷　難しい問いですね。糸谷さんのように、自分の勝利を目的にして戦っているわけではないのはたしかですね。僕自身が勝てなくても――つまり僕のことを誰も知らなくても、誰からも評価されなくても、僕の書いたもので社会が少しでもよくなってくれたら十分うれしいですね。でもそうなると、勝ち負けではなくなってくるんじゃないかな。

糸谷　いや、それは戦略的勝利と言ってしまっていいと思う。自分なりの目標があって、それが達成されたなら「勝ち」だと思う。

戸谷　やっぱり僕には、誰かと勝負しているという感覚がないんですよね。言い方を換えると、誰と戦っているのかわからない。もっと言えば、何をしようとしているのか自分でもよくわからない。

糸谷さんの話とひっくり返っちゃうんだけど、僕、戦術的な目標はあるんですよ。たとえば大学でポストを得るとか、締め切りが二か月後の論文を書き上げるとか。ただ、それを蓄積していった結果、最終的なゴールがなんであるかというのは、非常にあいまいだったりします。棋士のように、たとえば三〇〇〇勝を目指すとか、客観的な目標がないんですよ。

糸谷　だから、さっきの「自分が書いたもので社会を少しでもよくする」という目標でいいんじゃないですか。そもそも戦略的目標というのは主観的なものだし、数値で測れるものである必要もないし。人それぞれゴールが違っていていいと思います。

戸谷 勝負論を拡大していくと、「人生の意味とは？」という話になってきますね。

勝負論は人生論である

戸谷 糸谷さんは日々、勝負をしていて、そのひとつひとつによって糸谷さんの人生が確実に輪郭づけられていく。そんな生き方のほうが僕にはストレスフルに思えるし、正直よくできるなと思います。僕は、かつて空手をやっていたことがあるんですけど、試合が本当に嫌でした。痛いし、疲れるし、ぶざまに負けるかもしれないし、ケガをするかもしれない。それだったらエクササイズとして、ダイエットを目的に空手をやっていたほうが楽だなと思ったことが何回もあった。

糸谷 じゃあなんでやっていたの（笑）。

戸谷 なんでだろうね。いずれにせよ、僕は戦うことが嫌な人間なんだと思う。仮に糸谷さんみたいな将棋の才能があったとしても、プロ棋士の道は選ばないと思います。

糸谷　でも哲学者だったら、言葉で誰かと戦うことはあるんじゃないですか。

戸谷　論争ですね。僕は関西と東京、千葉などで、定期的に「哲学カフェ」という対話型ワークショップを主催しているんです。毎回、哲学的なテーマを立て、その場に集まった市民の方とディスカッションしている。

僕はこの「哲学カフェ」のおかげで、論争を収束させるテクニックばかり身についちゃっているんですよ。市民の方は、多くの場合、哲学的にディスカッションする訓練を積んでいません。だから、議論をしていれば当然すれ違いが起きるし、場合によっては論争に発展することもある。不用意なひと言で相手を傷つけてしまうことも起こります。そういうときに僕が調整役として論争を回収したり、話題を移動させたりする必要があるんです。本当は食い違っているのに、生産的な話ができたことにして、対話を進めてしまったり。

……何、その冷たい目は（笑）。

糸谷　論争は勝負じゃなくて、おたがいを高め合うためのものだって言えばいいんじゃないですか。実際、勝負ではないですよね。おたがいの意見の間違っているところを批判し合い、高めることが論争だと思う。

戸谷　高め合う、という側面もあるでしょうが、論争の結果として勝者と敗者が生まれれば、敗者は当然惨めな思いをしますよね。かつて「哲学カフェ」で「戦い」をテーマにしたことがあるんです。そのときに出てきた意見で非常に感心したのが、「戦いというのは単に勝敗を決めるだけではなく、そのあとに秩序をつくるためのものなんだ」という意見。戦いの末、勝者と敗者が生まれると、そこにある種の主従関係ができる。同じ身分にあったもの同士が戦って、自分の命に執着したほうが負けて奴隷になり、勝ったほうは主人になる。ヘーゲルの「主人と奴隷の弁証法」ですね。でもまぁ、誰だって奴隷にはなりたくないわけで、そういう人は最初から戦わないことのほうが利口だと思うんですよ。

糸谷　そういう生き方自体が、戦略的な目標になると思うんですけど。

戸谷　でもやっぱり僕、それは勝負から逃げていると思うんですよね。つまり、戦略的に勝つために勝負をしないのではなくて、勝負から逃げているから勝負をしないんだと思う。僕のような凡人からすると、糸谷さんのように日々、勝負にさらされている人ってすごいと思うわけ。メンタルのマネジメントをどうしているのか、すごく気になる。勝負のストレスでおかしくなる人とかいないんですか。

糸谷　勝負中毒、言い方は悪いですけどジャンキーみたいになる方はいらっしゃいますね。競馬とか競艇にハマったりして、そこでの勝ち負けが快感になるみたいな。ふだんから勝負しているのに、もっと勝負したがるんですよ。人のことは言えませんが(笑)。

戸谷 糸谷さんも「ポケモンカード」の大会で優勝していたりしますしね。

糸谷 勝敗のつくゲームは好きですね。自分も勝負ジャンキーなところはあると思う。

戸谷 有名な伝説なんですが、われわれが学生のころ、研究室で「カタン」というボードゲームが流行っていたんです。四人でやるゲームなんですけど、糸谷さんが入るといつも圧勝してしまう。だから、糸谷さんが入るときは、三対一でやっていた(笑)。

糸谷 勝負ジャンキーですね。多かれ少なかれ、棋士にはそういうところがあると思う。

戸谷 僕は非勝負ジャンキーですね。勝負から逃げるみたいな。

糸谷 ゲームもやらないですか。

戸谷 いや、最近「バトルフィールド」にハマっていますね。武器を持って戦うFPS(ファースト・パーソン・シューティング)ゲームなんだけど。

糸谷 対戦?

戸谷 対戦。ただし機械と(笑)。人間とはしたくないんですよ。だからオンラインゲームも嫌いなんだよね。

糸谷 戸谷さんはひたすら人と戦いたくないんだ。

勝つために必要な「柔軟性」

戸谷 勝負から逃げている僕としては、日々、勝負にさらされている糸谷さんの勝負論にすごく関心があるんです。糸谷さんがプロ棋士になったのはいつでしたっけ。

糸谷 一七歳です。

戸谷 入門はもっと前？

糸谷 九歳くらいかな。

戸谷 当時からいまに至るまで、勝負観の変遷ってあるんですか。昔からそんなに達観していた？

糸谷 昔はぜんぶ勝ちたかったですよ。子どもは長いスパンで考えられないから、目の前の一局に勝つために全力を尽くしてしまう。戦術しか考えていない状態ですね。

戸谷 当時は、負けるといまよりつらかったですか。

糸谷 つらかったですね。でも、そのうち戦略的な勝ち方がわかってきたんです。たとえば「鬼殺し」っていう技があるんですけど、小学生のころは面白いように決まるんです。でも、いつまでもこの技に頼っているわけにはいかない。相手から研究されるし、勝ち続けたとしても進歩がない。それで戦法の幅を広げる努力を始めるんですね。この技は使わないで、新しいやり方で何戦か勝負してみようと決めたり。目の前の一局の勝利からは遠ざかってしまうけど、自分の実力を伸ばす意味では必要なことだと思ったんです。

戸谷 勝つためには多様性が必要ということですか。

糸谷 そう、どちらかというと柔軟性ですかね。

戸谷 哲学の話と無理やりリンクさせると、基本的に哲学の研究者って、あるひとつの分野にくわしい人が多いわけ。ヘーゲルの『精神現象学』のIIIについてはなんでも知っているみたいな。でも、そういう人に限って、ハイデガーは読んだことがなかったりする。ジェネラルになんでもわかっている人は少ないんです。

とはいえ、哲学が社会から期待されていることって、ジェネラルなことだと思うんですよ。これからの社会はどうなるのかとか、科学技術はどうなるのかとか、政治と市民の関係はどうあるべきかとか。こうした問いに答えるには、ヘーゲルの『精神現象学』のIIIだけでは対応できないわけです。だから僕は、できるだけなんでも読むようにしているし、ジェネラルなことを言っている哲学者を学ぶように心がけています。たとえば、アリストテレスとか。

糸谷　アリストテレスは哲学のみならず、生物学も政治学もやっているし、人事百般なんでもござれという人ですね。

戸谷　「これってどう思いますか?」と聞かれたときにすぐに返せるような、ある種の柔軟性、多様性みたいなものは、とくに社会の中で活躍しようとしている哲学研究者にとっては絶対に必要な素養だと思います。逆に言うと、ひとつのことしか論じられない哲学研究者は、社会の中で役に立つのは難しい気がしますね。

哲学者は「公」に貢献するべきか

糸谷　戸谷さんの戦略的な目標は、ジェネラルな問いに答えられる哲学者になるということですか。

戸谷　うん、そうだと思う。

糸谷　そう思うようになったきっかけはあるんですか。

戸谷　僕は自己実現ではなく、社会貢献のために哲学をしたいと思っているんです。もちろん、社会貢献のために哲学をしなくてはいけない理由はないですよ。これは僕の「趣味」の問題であって、論理的な根拠があるわけではないです。

そのうえで聞いてほしいんだけど、僕は大学院生のころ「学振《がくしん》」という研究費をもらっていたんです。日本学術振興会という組織から支給される奨学金で、税金でまかなわれている。そのとき、自分は税金で生計を立てているのに、社会に何も応えなくてよいのかと思いました。結論として、自分は何かしら社会によい影響を与えるような研究がしたいと思うようになったんです。

でも、奨学金だけが問題ではないと思います。多くの大学は私学助成金とか「卓越した大学院拠点形成支援補助金」とか、なんらかの補助金をもらっている。つまりほとんどの研究者は、国の税金で存在させられているんですね。だとすれば、どれだけ公的な寄与ができるかを研究者はもっと意識したほうがいいと思う。そのときに求められるのが、ジェネラルな能力だと思うんですね。

糸谷　公的な資金が投入されている人間は、公的になんらかの寄与をすべきという命題を肯定していますか。

戸谷　難しいですね。国が学問を育むのは、投資ではないと思うけど。

糸谷　識者と呼ばれる人の中には、「国のための学問をしろ」みたいなことを言う人たちがいますよね。彼らとの差別化を、戸谷さんはもちろん考えていると思うんだけど。

戸谷　それはその通りです。先ほど「社会のため」と言いましたが、僕が指している社会は日本だけではありません。別の国でもいいし、日本が滅んだあとの未来でもいい。ただ、人々の苦労があって初めて研究者が存在しているという自覚が、研究者には必要だと思うの。研究者というのは自明に存在しているわけではなく、人々が身を削っているから存在できていると自覚するべきだ、っていうことです。だって中には、「私の研究が学振をとれないのはおかしい！」みたいなことを言う研究者がいるんですよ。おかしくない？

糸谷　わかりますよ。学振は税金でまかなわれているのに、公的なことになんら寄与しないというのはある種の怠慢であるとおっしゃりたい。

戸谷　ちょっと待って、そんな激しい言い方はしていないんだけど（笑）。まあ、これはあくまで僕の「趣味」であって、すべての研究者がしたがう必要はないと強調しておきます。話を戻しますね。歴史上の哲学者で言えば、たとえばアリストテレスや、カントや、ヘーゲルは、明らかに「勝っている」わけです。同じ時代の無名の哲学者と比べて。

糸谷　ショーペンハウアーがヘーゲルに対抗して授業をしたら、人が全然集まらなかったっていう逸話がありますね。ショーペンハウアーはその後に評価されましたが、まったく評価されなかった哲学者の方もたくさんいらっしゃったでしょう。

戸谷　では、なぜ彼らが勝っているのか。それは彼らが多様性と柔軟性を持っていたからだと思うんです。つまり、みずからの専門領域を超えて、科学や技術、あるいは恋愛や人間関係など、明らかに専門外の領域まで踏み込んでいる。アリストテレスなんて本当にすごいです。「ウナギは海底の泥から生まれてくる」とか、珍言がいっぱいあるじゃないですか。そういう多様性、柔軟性を持っているからこそ、現代にまで彼の思想が継承されているんだと思う。

たとえば近年、共同体主義の文脈で、アリストテレスが再注目されていますよね。二〇〇〇年以上たって再注目されるなんてことが起こるわけです。それはなぜかと言うと、彼が多様な論点を論じていたからだと思います。話をググッと戻せば、糸谷さんが言っていたように、勝負においてひとつの手にとらわれないこと、つねに別のやり方に開かれていることが大事なのかもしれませんね。もしかしたら、そこに哲学と将棋に通底するものがあるのかもしれません。

メンタルトレーニングについて

戸谷　練習には強いけど、本番には弱いという人がいますよね。糸谷さんは、勝負の緊張やプレッシャーをどう乗り越えているんですか。糸谷さんが実践されているメンタルトレーニングについて聞きたいんだけど。

糸谷　よく聞かれるんですが、負けることに慣れるしかないですね。負けているうちに鍛えられていく。もちろん、慣れすぎて悔しさを忘れてはダメですよ。

戸谷　悔しさは必要？

糸谷　勝負に勝つという点においては、多少あったほうがいいと思います。

戸谷　同じ負けでも、プラスに転化することができる人と、マイナスに転化してしまう人とに分かれますよね。負けをどう解釈するかという話だと思うんだけど、その違いってどこにあると思いますか。

糸谷　精神論ぽくて嫌なんだけど、負けを次につなげようと思えるかどうかじゃないですか。将棋の世界では、勝った将棋より、負けた将棋のほうが勉強になるとよく言われます。負けた将棋に学べるかどうか。負けたからもういいやだと、向上はありません。

戸谷　糸谷さんは、子どものころは目の前の戦いに敗れると悔しかったと話していましたよね。それがある段階で、達観できるようになった。これは大人になるにしたがってメンタルが鍛えられてきたということなんでしょうか。

糸谷　鍛えられるというより、楽になるというほうが近いですね。

戸谷　特別なメンタルトレーニングをしていたわけではない？

糸谷　物事のとらえ方の訓練は大切だと思います。負けることの重大性を薄めるには、その負けをどうとらえるかが大切なんですよ。すべての勝負に勝てるわけではない、一〇〇戦全勝できる人なんていないと自覚するだけで、だいぶ違ってくると思いますよ。

戸谷　ここまで話してきてよくわかったんだけど、糸谷さんの思想の中心には、「すべての勝負には勝てない」というのがあるんですね。

糸谷　すべてのことに百点満点をとることはできませんから、取捨選択は絶対に必要になる。より正確に言えば、「自分が真に欲するものは何か？」という問いですね。この問いを短いスパンではなく、長いスパンで考えてみると、必ずしも目の前の勝利が重要ではないとわかると思います。

戸谷　自分を追い込むようなことはしないほうがいい？

糸谷　重大な局面でなければ。

戸谷　じゃあ、重大な局面では、「これに負けたらもう終わりだ」くらいに自分を持っていくこともありますか。

糸谷　そこはもう少し楽にかまえたほうが、ミスは少なくなりますね。基本的にミスが少ないのは、リラックスした平常な状態です。逆に、ピリピリと緊張している状態だとミスが多くなる。戸谷さんも空手の試合で、そういうことありませんでしたか。

戸谷　僕はそんなに緊張しなかったですね。というのも、空手の技で「胴廻し回転蹴り」ってあるんです。ほとんど当たらない、難易度の高い技なんだけど、成功するとすごくかっこいいわけ。僕、この技が好きだったんです。勝ち負けより、この技を成功させたいという動機で試合をしていた。そうすると、そんなに緊張しないんですよ。勝ち負けではなく、自分が納得できるかどうかに重心を持っていくと、結果としてミスが少なくなって、勝利に結びつくのかもしれない。

糸谷さんは対局をしていて、相手のほうがメンタルが強いなと感じることはありますか。

糸谷　ぶれない人と戦うと、さすがだなと思います。それも結局、慣れだと思うんですけど、相手のほうが慣れているなと感じることはよくありますね。

戸谷　やはり重要なのは、慣れなんですね。

糸谷　だから緊張しがちな人には、とにかくたくさん場数を踏めってアドバイスします。受験だったら模擬試験をどんどん受ける。将棋だったらとにかく実戦をこなす。

戸谷　場数以外には何かありませんか。

糸谷　客観視じゃないですか。この勝負は負けられないと思えば思うほど、緊張は高まるので、人生全体から見たら別にたいしたことじゃないと思うようにする。まあ、そう思えないから緊張するんだろうけど。

対戦相手は敵なのか

戸谷　戦っているときに、負け方を考えることはありますか。これは明らかに負けるなとわかってしまったとき、ぶざまに負けるか、それとも比較的きれいに着地できるようにするかみたいな。

糸谷　投了直前であれば、どこで投げるかは考えますね。自分の王様が詰んでいて、相手も詰みを読み切っているだろうと判断したときは、どのあたりで投了するのが視聴者にわかりやすいかなとは考えます。

戸谷 へえ、そんなこと考えているんだ。

糸谷 やはり観ていただく商売ですから。棋士の様子でなんとなくわかるものですよ。動きがこう、ゆっくりになるんです。ぎりぎりまで考えていたのが、急にふわっと解けたようになる。そうなったら勝ち切ったか、あるいは負け切ったかのどちらかですね。

戸谷 泥くさく逃げ回ったりはしない？

糸谷 それは人によりますね。美しい棋譜を残すことにこだわる人は、これ以上、棋譜を汚してはいけないみたいな感じで投げます。逆に、将棋は勝負だと思っている人は、最後の一手までやり切りますね。

戸谷 糸谷さんにとって、対戦相手ってどんな存在なんですか。研究の世界には、いわゆる対戦相手っていないから、気になります。仲良くなったりするんですか。

糸谷 基本的にはみんな仲はいいと思いますよ。

戸谷 でも、ふだんは仲がいいけど、試合の前後になるとピリつくとか。

糸谷 それは多少ありますね。どうしても勝負ですから。

戸谷　勝敗によって関係性が変わったりもする?

糸谷　変わる人は変わるんじゃないですかね。戸谷さんは空手をやっていたとき、そういう経験ありませんでしたか。一緒の道場で練習しているけど、試合ではピリつくとか。

戸谷　僕はなかったかな。自分の人生がそれで変わるとか思っていないから。

糸谷　じゃあ、同じ研究室で勉強している人が、自分と同じ大学のポストへの志願書を出していることが発覚したとかだったらどうですか。それで相手が合格して、そのせいで自分は落ちたりしたら、人間関係って変わりませんか。

戸谷　それは怖いね(笑)。実際、それで人間関係が変わるという話はよく聞きます。将棋も似たようなところがあるのかな。

糸谷　まあ近いですけど、勝負はおたがい何度もありますからね。ひとつの勝負にかかる比重がそれほど大きくないので。

戸谷　糸谷さんって、ライバルはいるんですか。

糸谷　やはり同世代の人間ですね。豊島将之《とよしままさゆき》棋聖(現王位・棋聖)、稲葉陽《いなばあきら》八段とか。私の同世代には強い人が多いんです。佐藤天彦《さとうあまひこ》名人も今年(二〇一八年)で名人三期目ですから。

明確な基準のない人はどう戦えばいいのか

戸谷　目の前の勝負に負けても、自分が何を求めているか、自分がどういう戦略をとるかによって、負けが負けではなくなるという話が先ほどありました。それはよく理解できるんですよ。しかし一方で、勝敗を決定する基準を自分で決めてしまえると、逆に重みがなくなる気もするんです。たとえば受験でも仕事でもなんでもいいんですが、負けがつらいからといって、あたかもそれが重大でないかのように思い込むと、逆に人生がむなしくなるような気がするんです。

糸谷　本当にそうですかね。

戸谷　将棋には、客観的で明確な評価システムがあります。糸谷さんに、その基準を変えることはできない。だからこそ、もしそこで評価されれば、何ものにも左右されない重みや、たしかな意味が得られると思うんです。

ＡＫＢ48の選抜総選挙もそうですよね。ファンから好かれているというふわっとしたものではなく、ファンがこれだけお金を使ってくれて、それで何万票集まったみたいな、量的に測定できる基準がある。だからこそ、自分の人生に意味を感じられるという側面があると思います。じゃあ、そういう明確な基準がないところで戦っている人たちは、どうしたらいいのかなと思うわけ。

糸谷　基準なんていくらでも変更可能ですよ。たとえばファンが何万票を入れてくれる、というような考え方でなく、私には一人で五〇〇票入れてくれるファンがいる、みたいに考えることも可能ですし。広い目で見たら基準は変わるんですから。たとえば、将棋の世界でどれだけ高く評価されていたって、別のジャンルのゲームでは素人ですから。

戸谷　そんなものは重要ではない？

糸谷　というか、重要でないほうがいいと思いますね。

戸谷　でも、客観的な基準がないと、人々は不安になるんじゃないかな。自分の恣意的な考えひとつで基準を変更できてしまうと、承認が得られないと思うんです。それが揺るぎないものであると感じられない。

先ほどの話に戻っていくと、僕のように勝敗がはっきり決まらない世界にいる人間からすると、そう思えてしまうわけです。たとえばいま、糸谷さんと対談しているけど、そのことが僕の人生においてどんな意味を持っているのか、非常にぼんやりしている。

糸谷　でも、この本が空前のベストセラーになったらどうですか？　それこそ何十万部、何千万円っていう客観的な数値で測れるようになるかもしれない。あるいは、この本に出てくる失言によって、戸谷さんが永遠にパージされるかもしれない（笑）。まあ、それは冗談として、逆に世界はあいまいなものだということを受け入れていくのも必要だと思うんですよ。

戸谷　勝負の世界に生きている糸谷さんが、あいまいさを受け入れることが必要だと言って、勝負の嫌いな僕が、明確な基準がないと承認を得られないと言っている。逆転しているのが面白いですね。

承認と戦いへの憧れ

糸谷　それにしてもみんな、そんなに承認されたいんですかね。他人から本当に承認されているかなんてわからないじゃないですか。表ではほめられていても、裏でけなされているかもしれないし。

戸谷　僕はやっぱり、承認の問題って大きいと思っているんですよ。その点、プロ棋士はものすごく強固な承認のメカニズムがある。

糸谷 まあ、勝利は承認に結びつきますからね。

戸谷 勝利はもちろん、師匠にほめられるとか、弟子に敬われるとか、師弟関係も承認に結びつきますよね。プロ棋士に与えられている社会的な地位も承認につながるし。

糸谷 それに関しては最近ですけどね。ある程度昔の印象では、将棋指しなんて博徒《ばくと》の仲間みたいに思われていた時代もあったみたいです。賭け将棋で生計を立てている、真剣師と呼ばれる人たちもおられましたし、麻雀の代打ちならぬ、代指しみたいな人もいたようですから。

戸谷 まさにアウトサイダーですね。いまはスーツ姿の品行方正な清楚系男子が、正座で指しているイメージが強いですけど。このようなイメージになったのは、いつごろですか。

糸谷 羽生世代の先生方か、谷川浩司《たにがわこうじ》先生あたりからじゃないですか。そこは将棋界が必死で変えてきたんですよ。将棋を伝統文化と位置づけて。地道な活動が実を結んだなと思います。

いまは麻雀業界が同じようなことをしていますね。たばこを吸いながら、お金を賭けてやるのが麻雀のイメージだったけど、それを払拭しようとしている。プロリーグを立ち上げて、非常に丁寧な打牌で、健康的なゲームにしようとしている。

戸谷 それって平成史と関わる部分があるんですよ。渋谷から援助交際が一掃されたり、新宿で違法風俗店が一斉摘発されたり、アウトサイダーがアウトローのまま生活できる場所が次々になくなっていったのが平成だと思うんです。現在のスタンダードな世界に順応できない人たちの逃げ込める場所が、どんどん削られている気がしますね。

糸谷 そもそもなぜ、賭博をしてはいけないのかという問題もありますよね。カジノ法案をめぐって注目されている話題ですが。

戸谷 先ほども言ったように、僕らの世代って戦うという経験自体が少なくなっていると思うんです。競争なんてしなくていい、だって一人ひとり違う人間なんだから、ということを言われて育ったから。ところがそのことによって、自分がしていることの意味を、他者との比較の中で位置づけられなくなっている。だからその反動で、勝負の世界に生きる人への憧れがあると思う。

先ほどから言及しているＡＫＢ48なんてその象徴だと思うし、『3月のライオン』（羽海野チカ、白泉社刊）とか、『ハチワンダイバー』（柴田ヨクサル、集英社刊）みたいな将棋をテーマにした漫画を読んでいても、純粋に戦うことを美化しているように思える。それらを見たり、読んだりすることで人々が感動したり、魅了されたりするのは、それだけ日常生活から戦いが希薄化しているからだと思うんですよね。

糸谷　なるほど。

戸谷　僕から見れば、日常的に戦いの場に赴いているなんて、すごく異常なことに思えるし、どうやってメンタルを維持しているのかまったくわからない。だからこそ、彼らが人ならざるもの、高貴なものに見えるんだと思います。その意味で、勝負や戦いというものは、それをしなくていいと言われてきた僕らの世代にとって、考えることが非常に難しい問題でもある。まさに世代の問題だなと思います。

2章
AIとどう向き合うか

AIは人間を超えたのか

戸谷　二〇一七年、将棋ソフト「ポナンザ」が、佐藤天彦名人に二戦二勝したことが話題になりましたね。

糸谷　AIと人間の対決は、いまに始まったことではないですよ。チェスの世界では、一九九七年、IBMの「ディープ・ブルー」というAIが、当時の世界チャンピオンを破りました。囲碁の世界でも、グーグルが開発した「アルファ碁」が、二〇一六年、二〇一七年に韓国・中国のトップのプロ棋士を破っています。

戸谷　すでにAIは人間を超えている？

糸谷　ほとんどの知的ゲームにおいては、超えていると思います。6×6盤のオセロなんかだと、完全読解まで到達している。

戸谷　そうすると、先手をとるか後手をとるかで勝敗が決まってしまう。

糸谷　オセロの場合、後手のほうが強いみたいですね。

戸谷　すると、オセロというゲームの構造そのものが変わってしまうよね。つまり、最初のじやんけんでどう後手をとるかのゲームになってしまう。将棋はどうなんですか。

糸谷 将棋の場合、棋士が行なう判断を「大局観」という言葉で説明しています。たとえば「なんとなくこの形はきれいだ」とか、「直感的にこの形がいいと思う」とか。ところがコンピュータには、「なんとなく」や「直感」なんてありません。膨大なデータから、最善の判断を選び出してくる。その結果、人間が伝統的に蓄積してきた大局観そのものが揺らいでいます。

戸谷 人間の大局観と、ＡＩの判断ってそんなに違うものですか。

糸谷 いや、近いところも多いですよ。囲碁はけっこう違ったみたいですけど。

戸谷 囲碁はどんな状況なんですか。

糸谷 「アルファ碁」は、人間より間違いなく強いと断言していいと思います。成長スピードがほかのＡＩと違う。戦法がどんどん進化しています。

戸谷 プロ棋士の間では、ＡＩはどういう存在なんですか。つまり、自分たちとまったく関係ない世界の話として語られているのか。それともある種、自分たちを脅かす存在として語られているのか。

糸谷 人によって違いますね。いつかコンピュータに抜かれることは、みんな予測していたし、すでに受け入れているわけです。それでもなお、「人間同士の勝負だから面白いんだ」「だからＡＩは自分たちを脅かすものではない」とおっしゃる方もいます。

戸谷　糸谷さん自身はどちらなんですか。ＡＩが将棋の本質を変えるとか、業界を変えるとは思わない？

糸谷　本質は変わらないんじゃないですか。人間だろうがＡＩだろうが、ゲームとしての将棋はエンターテインメントとして残っていくと思います。

ＡＩは将棋をどう変えるのか

戸谷　自動車は、人間より明らかに速く移動することができます。にもかかわらず、人間は散歩やマラソンをやめませんよね。つまり、機械が人間の能力を超えたとしても、人々の間で行なわれている遊びやスポーツは変わらず残るんだという考え方があります。しかしＡＩの場合、人々の反応が少し異なる気もするんです。ＡＩは人間より、ある意味において知性がある。そこにはある種の畏れみたいなものが含まれていて、人間と自動車の関係とは異なる側面があると思います。

糸谷　でも、いまの将棋ソフトはいわゆる人間に代わるものとしてのＡＩではないでしょう。将棋という一点のみにおいて人類の能力を突破しているものですし、人格化もされていない。

戸谷　たしかに、どのソフトを前提とするかで議論が変わってくる。つまり糸谷さんとしては、自動車が人間より速く移動できることと、それほど変わらないと。

糸谷　私は変わらないと思います。

戸谷　たとえＡＩが人間より高い計算能力を持っていたとしても、それは人間の本質を何も変えないし、人々の間で行なわれている営みに変更を強いるものではない？

糸谷　「自分より能力が高い奴がいる」という状況は、よくあることでしょう。ほとんどの人にとっては。

戸谷　ＡＩもプレイヤーの一人にすぎなくて、単に強いプレイヤーが現れただけということですか。そうは言っても、プロ棋士という存在がリスペクトされなくなるとか、業界に与える影響はありませんか。

糸谷　結局、将棋はエンターテインメントとしての要素が大きいんですよ。私はよく野球を例に出すんですけど、時速三〇〇キロのピッチングマシンが投げるボールをロボットが打つみたいな試合を、われわれは観たいと思いますか。

戸谷　観たくないね。

糸谷　なぜ観たくないかというと、野球はエンターテインメントだからですよ。だから機械には代替されないと思う。代替される恐れがあるのは、より単純な作業でしょうね。たとえば電話交換手という仕事は、機械に代替されてしまいました。でも、そこには人間が労働から解放されるという側面もある。必ずしも悪いことではないとも思います。

戸谷　将棋の対局で、残り時間を読む人がいるじゃないですか。

糸谷　記録係ですね。

戸谷　この前、動画投稿サイトで観たんだけど、記録係の人が対局の最中に寝てしまって、指している人からすごく怒られていました。ああいう仕事こそ機械化したほうがいいと思うんですよ。

糸谷　一応、進行の補助役として、困ったことが起きたときに対応するとか、そういう役割もあるので。まあ、寝てしまうのは困りものですけど（笑）。

戸谷　でも、やっぱりつらくないですか。カメラが正面からずっと撮っていて、棋士が長考に入っているのを黙って見ている。それでも人間が読んだほうがいいんですかね。

糸谷　まあ、人間のほうが融通はききますからね。

「AI棋士」が現れる日

戸谷　先ほど糸谷さんが、将棋を「エンターテインメント」と言っていたのが、僕の中ではしっくりきたんです。ああ、やはりそういうふうに思っているんだなって。プロ棋士って、単に将棋が強ければいいというものではないと思うんです。もちろん、実力は戦いで決まるけど、「この棋士はすごい」と思われるためには自分を演出したり、表現したりする側面も必要ですよね。糸谷さんの場合、それが「怪物」というキャラなわけじゃないですか。あえて空気を読まないことを言ったりして、自分をセルフ・プロデュースしているように見えるんだけど。

糸谷　棋士の中には、趣味を前面に出されている方や、個性を前面に出されている方など、自分の将棋のスタイルを自分で表現することで、より観ていただくための努力をされている方は多いと思います。哲学者にもそういう側面はあるんじゃないですか。

戸谷　うん、あると思いますよ。あえて極端なことを言ってみたり、ちょっとギャル男っぽい服を着てみたり、意図的に支離滅裂なことを言ってみたり。でもＡＩには、そうしたセルフ・プロデュースはできないと思うんです。たとえば、佐藤天彦名人を破った「ポナンザ」は、自分のことを「ポナンザ」って名づけていませんよね。名づけたのはプログラマーで、プログラマーがソフトの個性をプロデュースしている。

糸谷　でも、これからはわからないですよ。

戸谷　自分をセルフ・プロデュースする、エンターテイナーとしてのＡＩ棋士が現れるということですか。

糸谷　おそらく現れると思います。どういう名前をつけて、どういうキャラをつくったら好感度が上がるのかをＡＩ自身にやらせる。

戸谷　それって将棋で勝つより、はるかに高度な計算が必要ですよね。

糸谷　でも、いつかは可能になるんじゃないですかね。最近では、家電にも人格をつけるのが流行っていますよね。アレクサもそう、ルンバもそう。あたかも人格があるかのようなプロダクトが流行っている。だとしたら、将棋ソフトだってそうなっていくと思うんです。

戸谷　じゃあ妹キャラのような発言をしたりする、キャラクター化されたＡＩ棋士が現れるということですか。ビッグデータを集めて、解析して、「待てよ、いまは妹キャラじゃないぞ、お姉さんキャラのほうがウケるぞ」みたいにセルフ・プロデュースするAI棋士が。

糸谷　戸谷さんのその趣味はよくわからないけど（笑）、出てきても不思議ではないでしょう。家電だって、家族の一員として受け入れられるものが、そのうち出てくると思いますよ。

戸谷　AIが家族の一員になる？

糸谷　すでに動物は、ペットとして家族の一員になっていますよね。同じように、AIが家族の一員として受け入れられる日も来るでしょう。空気を読まない人間より、AIのほうが空気を読むから愛されるかもしれない。

戸谷　空気は読むでしょうね。それでも僕は、AI棋士はエンターテイナーにはなれないと思っています。アスリートにはなれるかもしれないけど、エンターテイナーにはなれない。AIと人間のいちばん大きな違いはそこだと思うの。

糸谷さんって、盤上ではアスリートだと思うんです。でも、盤の外ではエンターテイナーだと思うんですね。空気を読まないことを言ったり、業界に対して鋭いツッコミを入れたり、棋士なのに哲学者のような発言をしたり。どこまでが演技で、どこまでが本音なのかはわからないんだけど。

糸谷　空気が読めないのはまったくの素だと思いますが（笑）。哲学的な話についてはニーズに応えて、というところもあります。本当に需要があるのかどうかはわからないですが。

戸谷　ビッグデータを集めて、解析したところで、そんなキャラクターが生まれてくるのかな。僕は、ある世界でスターになる人というのは、偶然生まれてくると思うんです。たとえば糸谷さんが大阪大学に入学して、哲学の勉強を始めるということは、おそらく誰にも予想できなかったはず。こうした偶然性が、エンターテイナーをスターにする大きな要素だと思うんです。

糸谷　私自身はスターになろうなんてまったく思っていないですけどね。

戸谷　ここで哲学を例に出すと、ハンナ・アーレントという思想家がいるんですね。彼女はナチス・ドイツに迫害されたユダヤ人でもあるんだけど、『人間の条件』という著作の中で、すごく要約をすれば、「政治的なリーダーは偶然に誕生する」と言っています。権力者が統計的に社会を統治し、皆が同じように振る舞っているとき、リーダーはその統計を裏切るような形で現れるわけです。偶然に生まれてくるということは、予測できないということだし、だからこそ新しい存在だし、個性的でもあるわけです。そしてそれは、エンターテイナーにも共通することだと思う。そう考えると、はたしてＡＩがそうした新しさや個性を身につけられるのかな、という疑問は抱きますね。

人間の特権性は剥がされていくのか

糸谷　であれば、そういうＡＩをつくればいいんじゃないですか。将棋ソフトだって、吸収させる情報の量や質によって、各々異なる評価値を持つようになったり、違う手を好んだりするようになります。リーダーなり、エンターテイナーなりの人格を模倣するような情報を吸収させれば、そういうＡＩをつくることも可能だと思う。

戸谷　予想を裏切るものをつくり出すために、意図的に偶然性、ランダム性を組み込むということですか。

糸谷　そんなことをしなくても、大量に情報を吸収させたらそうなるでしょう。

戸谷　意図的な操作をしなくても、ビッグデータを解析するという構造自体、ランダムなものが必ず入ってくると。

糸谷　人間だってそうでしょう。人間は誰でも、生まれてから大量の情報に接しているけど、どんな情報に出会うかによって、どんな人間になるかが決定されると思うんです。身体を動かすことが好きな家庭環境だったら、スポーツを好むようになるだろうし、知識を重視する家庭環境だったら、本をたくさん読むようになるだろうし。

戸谷　先天的か、後天的かという話につながってきますね。その区分にしたがうのなら、ハンナ・アーレントの言っている偶然性というのは、「先天的な偶然性」なんです。そもそも人間は、生まれてくるときにはなんの目的も持っていません。だからこそ、自分で目的をつくり出す必要がある。逆に言えば、目的がないからこそ、人間は多様な目的に開かれているんです。その中からどれを自分の人生として選ぶかは、もちろん事前に決まっていない。それに対してＡＩには、先天的な偶然性がありません。必ずそのＡＩをつくった他者がいて、事前に設定された目的のために存在しています。その意味で、少なくとも将棋ソフトのＡＩには、将棋ソフト以外のＡＩになる可能性が、最初から閉ざされています。それとも、そうしたあらかじめ決められた目的のない、自分の人生を自分で選べるＡＩってつくれるのかな。

糸谷　鉄腕アトムをつくることができるかという話ですよね。私は、人間が持っている感情や自我などの特権性はそのうち剥がされていくと思っています。自己決定などもいまは人間の特権と思われていますが、ＡＩもそのうち感情や心めいたものを表すようになり、人間と区別がつかなくなるでしょう。人間と同じように考えるアンドロイドも、そのうち登場してもおかしくない。

戸谷　そこは哲学者として抗いたいところですね。その特権性を失ってしまうと、人間とＡＩの境界が一層あいまいになり、僕たち自身が人間なのかＡＩなのか、区別できなくなっていくかもしれませんし。

「遊び」とAI将棋

戸谷　そもそも論になってしまうんだけど、「人間はなぜ遊ぶのか？」という問いは、けっこう哲学的な問題なんです。食べて、休んで、寝てだけではなく、なぜなんの生産性もないような「遊び」に力を注ぐのか。多くの哲学者が頭を悩ませています。

その中で、ヨハン・ホイジンガというオランダの歴史家は「ホモ・ルーデンス」という概念を提唱しています。「ルーデンス」は、ラテン語で「遊ぶ」という意味。つまり人間は「遊ぶ生き物」であり、そこが人間とほかの動物とをへだてる大きな違いだと言うんです。

遊ぶ時間には始まりと終わりがあります。かつ遊ぶ場所もまた限定されている。つまり、限定された時間と場所の中で、ルールにしたがって遊ぶのが「遊び」なんです。まさに将棋もそうですよね。ホイジンガはこれを、日常性から断絶された非日常的な空間をつくることだと言っています。

糸谷 ではなぜ、人間は非日常的な空間を欲するのか?

戸谷 これは難しい問題で、退屈をしのぐためという考え方もできるし、聖なるもの、超越的なものを見出そうとしているという考え方もできる。いろんな考え方があるけど、ホイジンガは遊びの空間においていちばん重要なのは、遊びの結末が偶然であることだと言っています。遊びが始まるとき、遊びが終わった状態が予測できないこと。それが遊びの本質的な条件なのだと。

逆に言えば、終わった状態、つまり結果が先にわかってしまっている遊びは遊びじゃないということになります。この観点から言えば、AI棋士同士の戦いは、はたしてエンターテインメントとして成り立つのだろうかと思う。

糸谷 でも、ランダム性はありますよ。どんな道筋をたどるのかは、あらかじめ予測できないので。

戸谷 それは過渡期だからでしょう。現状の将棋ソフトであれば、将棋ソフト同士の戦いも遊びとして成り立つと思う。しかし、ソフトがどんどん進歩していって、オセロのように先手か後手かが決まった時点で勝敗が決定してしまう状況になったら、もはや遊びにはならないと思う。

糸谷 引き分けだってわかっていても、子どもは○×ゲームをやるじゃないですか。3×3マスの。結果がわかっていてもやると思います。

戸谷 それは、相手がミスするかもしれないと思っているからじゃない？　相手がミスしたら勝てるでしょう。

糸谷 AIだって同じですよ。AIだってミスすることもあるんだから。

戸谷 ミスをしなくなるAIが、そのうち出てくるかもしれない。僕の考えでは、このままAIが将棋をずっと研究し続けていけば、ある日、先攻か後攻かで勝敗が決まるような状態になると思うわけ。そうなったらもうやらないと思うんですよね。

糸谷 人間もそんなに変わらないですよ。だんだんと先手勝率は高くなってきていますし、ミスも少なくなってはいます。しかし、まだまだミスをする。

戸谷 ちなみに将棋って、どうやって先攻、後攻を決めているんですか。

糸谷 プロ棋戦では、記録係が「歩《ふ》」を五枚取って振るんです。表が多ければ上位者の先手、裏が多ければ下位者の先手になります。

戸谷　ようするに、そのバトルになるわけですよね。もし先攻が絶対勝つと証明されたら、将棋とは「歩」を振るだけのゲームになってしまう。それはもはや別のゲームですよね。

糸谷　だけど、人間はすべてを理解できないですよ。

戸谷　理解できなくても、勝敗が決まっていたらやらないんじゃない？

糸谷　人間は勝敗は決まっていないでしょう。つまり、人間同士なら対局できる。

戸谷　将棋ソフトとはやらなくなる、あるいは、将棋ソフト同士の戦いは将棋ではなくなってしまう。そういうこと？

糸谷　全パターンが出てしまったら、将棋ソフトとはやらなくなるでしょうね。でも、将棋は将棋なんじゃないですか。一応、最善を尽くせばそうした結果が決まっているだけで、ルールなどそこにあるものは変わらない。

戸谷　糸谷さんと見ているポイントが少し違うなと感じるのは、ＡＩと人間が戦っている様子を観て、観客がそれに興奮しないんじゃないかと僕は思うんです。

糸谷　それはそうですよ。ＡＩと人間の能力がさらに乖離していけば、ＡＩと人間の対局はなくなります。だって、自動車と駆けっこしようと思わないですよね。極端に力が離れていたら、たぶん人間同士の勝負でも観ませんよ。たとえばプロ野球は、ある程度、実力が近いから観ていて楽しめるわけですよね。でも、プロ野球選手と小学生の試合なんて観たくないでしょう。

戸谷 どうかなあ。

糸谷 〝虐殺〟が観たいですか？　たしかに、めちゃくちゃ強いとされている人間の棋士が、ＡＩにこてんぱんにやられるのを観て溜飲を下げるみたいな、そういう欲求は人間にはあると思いますけど。

戸谷 それって深いね。一方的な試合って面白いよ。

糸谷 でも、ふだんからそんなのばかり観ていたら、絶対に飽きますけどね。

人間だけが持っている「何か」はあるか

戸谷 僕の考えはやっぱり変わりませんね。ＡＩはアスリートにはなれると思うけど、それを観て人が興奮するようなエンターテイナーにはなれないと思う。人間だけが持っている何かが人を魅了するのだと思います。

糸谷 私から言わせると、人間だけが持っている何かというのは「神話」なんですよ。つまり人間は、自分がそれ以外のものから区別された、特別な本質のようなものを持っていると考えがちです。でもそれは、それこそ「ゼウスによって世界の秩序がつくられた」というような、単なる言い伝え以上のものではないと思います。人間にそっくりなアンドロイド、たとえば鉄腕アトムみたいな人格や感情も持っているようなキャラクターが出てきたとすれば、そのキャラクター同士の戦いに対して興奮することはできると思います。

戸谷 神話なのかな。糸谷さん、そこは昔から徹底していますね。「人間の本質は○○である」みたいな、普遍的な言い方、嫌いですもんね。

糸谷 先ほども言ったように、実際にアレクサやルンバは、だんだん家族として受け入れられているわけです。

戸谷 本当に受け入れられているのかな……。

糸谷 ほかの例で言えば、ロボコン（ロボットコンテスト）ってありますよね。自分でつくったロボット同士を競わせる、いわばロボットのスポーツ。それを観てお客さんは、実際に歓声を上げていますよ。

戸谷 ということは、エンターテイナーはプログラマーになるわけか。

糸谷 いまはそうかもしれないけど、いずれはそうではなくなるかもしれない。ＡＩがみずから情報を収集し、蓄積するようになっていくはずなので。どんなプロセスをたどってそうなったのか、つくったプログラマーですらわからないＡＩだってすでに出てきているんですよ。やはり戸谷さんは、被造物《ひぞうぶつ》というところに引っかかりますか。

戸谷　結論から言うとそうなんです。たとえ自分で情報を収集するＡＩであっても、「そういうふうに情報を収集するＡＩ」であること自体は、他者によって設計されているんだと思います。その意味では、やはりＡＩは被造物であって、人間ではない。

糸谷　では、自分のことをアンドロイドだと思っていない、人間そっくりのアンドロイドはつくれると思いますか。つまり、自分のことを人間だと思っているアンドロイドはつくれるかどうか。ポイントはここだと思うんですよね。結論から言うと、私はつくれると思う。

戸谷　自分の得意な領域に持っていったね（笑）。人間とアンドロイドの定義によるんじゃないかな。

糸谷　では、見かけだけでも人間そっくりに振る舞うことができるアンドロイドはつくれると思いますか。

戸谷　それはできるんじゃないかな。

糸谷　であれば、かなり近いんじゃないですか。マイクロソフトが開発したＡＩ女子高生の「りんな」のような、現在は返事を返すだけのシステムだって、何年かしたらもっとすごいことになりますよ。そうなったらＡＩアイドルだって可能ですよね。

「水槽脳」という思考実験

戸谷 いまの糸谷さんの思考実験だけど、僕も大学の授業で似たようなのを行なったことがあります。「水槽脳」と呼ばれる、哲学の世界では有名な思考実験ですね。どんなものかというと、水槽の中に脳が漬けられていて、脳に電極が刺さっている。そして、あらゆる感覚がコンピュータからデータとして送り込まれている。本人は人間として普通に生活をしていると錯覚しているんだけど、実際には身体なんてなくて、水槽の中の脳にすぎないという話ですね。

糸谷 映画『マトリックス』を考えてもらうとわかりやすいですね。いま私たちが生きている世界は、コンピュータがつくり出した仮想現実、バーチャル・リアリティではないかという仮説です。

戸谷 この思考実験を学生にぶつけてみた。すると第一に、自分が「水槽脳」かどうかはわからないという意見が出た。

糸谷 「自分は水槽脳なのでは」と疑える時点で、自分が「水槽脳」ではない証明になるという考え方があります。私はこの答えにはちょっと違和感がありまして、「水槽脳」だったとしても疑うことはできると思うんですけど。

戸谷 だけど、誰かが自分の存在を疑っているかどうかは、本人にならないとわからないですよね。先ほどの糸谷さんの思考実験に話を戻すと、「自分のことをアンドロイドだと思っていない、人間そっくりのアンドロイド」の中で、なんらかの思考が行なわれているということですよね。こちらのアクションに対して、単にリアクションしているだけではなくて。しかし、アンドロイドの中で思考が行なわれているかどうかは、本人になってみないとわからないわけです。思考しているように見えても、実際は思考しているかのように振る舞っているだけかもしれない。

糸谷 それは人間も同じですよね。本当に他人が自我を持っているかなんてわかりませんから。人間には自我があると思われてきたけど、自我というのは脳の働きの一部にすぎないことがわかっています。自我は錯覚だと主張している人もいるくらいで。

戸谷 そうですね。アンドロイドと人間を区別しようとすると、人間に対しても同じ疑いを差し向けなければならない。そんな哲学的な罠があります。

糸谷　でも戸谷さんは、その自我というところに、人間の特権性を見出したいと思うわけですよね。

戸谷　まぁ、そういうことです。アンドロイドと人間は、たしかに、外から見ている限りでは同じように振る舞っているかもしれません。けれど、振る舞っている本人たちは、全然違うプロセスでそう振る舞っている。人間は自我を持ってそう振る舞っているけど、アンドロイドは機械的な運動の結果としてそう振る舞っているにすぎない。ただしその内的なプロセスそのものは経験的には観察できないし、外から判断することもできない。でも僕はやはり、そういう証明不可能な人間の固有性があると、どこかで信じたいんですよね。

糸谷　だから自我があるのが人間の特権性だという主張に対して、それは「神話」だと言いたくなるんです。自我が脳の働きの一部と考えるなら、それはＡＩでも再現できると考えるのが自然だと思う。決して人間固有のものではない。

戸谷　そうなると、ＡＩがエンターテイナーとして輝く可能性もあるのかな。

糸谷　むしろ、人間より輝いてもおかしくないいんじゃないですか。

戸谷　どうかなあ……。松山ケンイチが演じた、『聖《さとし》の青春』っていう映画があったでしょう。

若くして急逝した天才棋士、村山聖《むらやまさとし》の話。僕はあの映画を観て、ただ盤上で強いだけが棋士の魅力ではないと思ったわけ。将棋の天才で、羽生善治のライバルとまで称されたにもかかわらず、わずか二九歳で死んでしまったという運命。そういう生きざまによるところが大きいと思ったんです。同じくらいめちゃくちゃ強いAIがあったとして、ある日、上からエアコンが落下してきて壊れましたっていう物語を書いたとしても、人は感動しないと思う。

糸谷　でも鉄腕アトムはどうですか。アトムは機械だけど、敵にやられて壊れたらみんな悲しむでしょう。

戸谷　あれはフィクションじゃないですか。

糸谷　もちろんそうです。だけど、いずれ遠くない未来に鉄腕アトムが現れる可能性は高いと思う。フィクションでなくなる時代が来るかもしれないわけです。つまり、私たちが感情移入できるほどのAIが、まだ生まれていないだけじゃないですか。

実際、生まれ始めていますよね。たとえばルンバが何かにぶつかって故障したとき、「この子を治療してくれ」みたいなことを言う人もいるようですから。ぬいぐるみを想像すると、もっとわかりやすいですね。小さいころに大事にしていたぬいぐるみを捨てられないという人はいっぱいいます。これからAIや機械の個体性を受け入れていく時代になっていくと思います。その一方で、特権を守りたいと人間は強く思うんですよね。

人工知能を愛せるか

戸谷　僕が主催している「哲学カフェ」で、以前、「人工知能を愛せるか」というテーマで討論したことがありました。

面白かったのは、「愛せる派」と「愛せない派」で、はっきりふたつに分かれたんですよ。「愛せる派」からは、人間は生きていないものに対しても愛着を抱くことができるという意見がありました。そのとき出た例では、自動車ですね。自動車を愛せるなら、同じように人工知能を愛することもできるだろうと。

糸谷　対して「愛せない派」の意見は？

戸谷　たとえば、恋人から優しい言葉をかけられたらうれしいと感じますよね。ところが、人工知能に優しい言葉をかけられても、まったくうれしくない。なぜなら、計算されたプログラミングにもとづいて言葉を発しているだけだから。たとえ同じ言葉だったとしても、

糸谷　その動機が異なるとうれしくないんだという意見でした。その意味において、人工知能を愛することはできないと。糸谷さんは、この問いについてどう考えますか。

戸谷　人形を愛する人だっていますよね。人形を家族よりも大切にしている人がいるんだから、人工知能を愛する人がいても不思議ではないですね。

糸谷　人形への愛と、人間への愛って同じですかね。

戸谷　それは難しいところだけど、じゃあペットへの愛と、人間への愛だったらどうですか。

糸谷　ペットの場合は、相手から認識されていると思うんですよ。相手が自分の存在に気づいていて、しかも自分のことを必要としてくれている。そこが人工知能や人形との違いかなと。

戸谷　いま戸谷さんがおっしゃったペットは、高等動物を前提としていますか。

糸谷　そうですね。

戸谷　だったら金魚はどうですか。彼らは人間を認識しているか怪しいけど、それでも金魚を家族の一員のように思っている人はいると思います。やはり私は、人間は相手を一方的に愛することができると思うんです。ＢＯＴだってわかっていながら、ＡＩ女子高生を好きになる人だっているでしょう。

戸谷　あ、そういえば僕、昔「ラブプラス」やっていたわ（笑）。

糸谷　一時期、流行った恋愛シミュレーションゲームですね。「ラブプラス」にハマった人なら、人工知能を愛する気持ちも理解できると思います。

人間には「有限性」がある

戸谷　ほかに「愛せない派」から出てきた意見として、「人工知能は自分と一緒に年をとらない」って言った方がいたんです。つまり、人工知能は老化しないが、家族は自分と一緒に年老いていって、いつか死んでしまう。だからこそ、ともに過ごしている時間が一回限りのものになるんだと。

糸谷　ＡＩＢＯだって壊れますよ。

戸谷　壊れるけど、老化とは違うんじゃないかな。新陳代謝しないでしょう。

糸谷　現状はそうかもしれないけど、時間とともに老化するＡＩＢＯ、新陳代謝するＡＩＢＯをつくろうと思えば、いずれつくれると思いますよ。

戸谷　僕はこれがポイントだと思っていて、ＡＩがエンターテイナーになれるかという話とも関係しているんです。たとえば糸谷さんって、棋士をしながら哲学を研究していたわけですよね。でも、糸谷さんの時間って限られているんです。八〇年、長くても一二〇年とか。限られた中で、将棋にかける時間が減ってしまうというリスクを負ってでも、哲学を研究する。僕は糸谷さんと大学院のゼミで知り合っているので、糸谷さんが研究のために多くの時間を割いていたことはよく知っているんですよ。

そこに人を感動させる何かがあると僕は思うんです。有限で、やり直しができないにもかかわらず、なぜ哲学の研究をするのか。この有限性は、人工知能には生じないものだと思うんです。

糸谷　私は人工知能にも有限性があると思うんですけどね。

戸谷　たしかに人工知能がこの世界からデリート（削除）されることは可能性としてあります。でも、人工知能のデリートと人間の死は同じなのかな。

糸谷　現時点では違いますね。でも将来、同じになる可能性はあると思います。さっきのペットの例と同じように。猫は一五年くらいで死にますけど、そう考えると人間は、ものすごく長いスパンを持った生き物ですよね。だから時間の長さよりも、有限か、無限かっていう話のほうが重要だと思う。長いスパンで見れば、人間や動物すべてに死がありますし、人工知能ですら壊れることなどからは逃れえない。無限に生きるものはないんです。

戸谷　人間は偶然性に左右されていて、あらかじめ何も決まっていないところから自分の人生を選んでいくという話を先ほどしました。僕の中ではこの偶然性と、その生涯が有限であるというのがつながっているんです。糸谷さんは「神話」だって言うと思うけど、これこそが人間と人工知能をへだてるものであり、人々に感動を与える条件だと僕は思うんです。

人は「環境」で決まるのか

糸谷　でも、人間は「あらかじめ何も決まっていない」というのは言いすぎじゃないかな。私は先天的な環境で、ある程度、決定されてしまうと思います。たとえば子どもがどんな言語をしゃべるようになるかは、家庭環境で決まりますよね。一般的に、日本語話者の両親からスワヒリ語をしゃべる子どもは生まれてこない。人間の自由の幅って、思っているより狭いのではないかと。

戸谷　わかりますよ。先ほどハンナ・アーレントの名前を出したけど、アーレントのような考え方が哲学の世界で自明というわけでは決してない。人間というのは置かれた歴史的、文化的な文脈の中に埋め込まれていて、その中でしか思考できないという考え方もあります。その観点では、人間が特別、自由なわけではありません。でもね、糸谷さんが本当に環境決定論者だったら、哲学科に来ていないと思うんだよね。普通は、プロ棋士を輩出するような家庭が、哲学科に進学する子を育てるとは思えないじゃないですか。

糸谷 いや、私は環境決定論者ですよ。祖父がマルクス経済学の研究者で、その影響からか家族もよく本を読んでいて、哲学関係の書籍も家にありました。それがなかったら哲学の道へ進んでいないと思う。

戸谷 そういえば聞いたことがなかったけど、棋士になろうと思ったきっかけは？

糸谷 五歳のときに、ニュースで将棋という単語を耳にして「将棋って何？」って、父親に聞いたら教えてくれたんですよ。その意味では、偶然に近いといえば近いですね。

戸谷 お父さまは将棋がお好きだったんですか。

糸谷 いえ、まったく。

戸谷 偶然じゃないですか！ 環境決定論を乗り越えた（笑）。

糸谷 でも、祖父が将棋好きだったんですよ。だから家に将棋盤はあった。そもそも、日本に生まれていたから将棋に興味を持ったっていうのもあるし。

戸谷　それはそうですね。

糸谷　「フランス語で考えろ」と言われても無理じゃないですか。母国の言語に影響される部分は大きいと思います。言語が違えば、物事から受ける印象もすべて違いますしね。その意味で、環境が私たちに与えている影響は決して否定できないと思います。とはいえ、すべてが環境決定論ではないですよ。ある程度、制限されてはいるけれども、その先は自由の幅があると思っています。

運命に抗う姿こそが美しい

戸谷　僕みたいな将棋界の外にいる人間から見ると、棋士ってなんてリスキーな生き方なんだろうって思うの。プロ棋士になろうと思って、すべてを投げ捨てて弟子入りしたのに、結局モノにならずに大人になっちゃう人もいるわけですよね。

糸谷　いっぱいいますよ。

戸谷　現実の痛みをともなう生き方だと思う。なぜ棋士は、ほとんど博打《ばくち》のような人生を選ぶのか。将棋ゲームをやっていればリスクはないのに、あえて戦いの場に行くのはなぜなのか。人間の不条理さを感じるんです。

糸谷　人間が人間に対して抱く思いとして、共感や憧憬が大きいと思うんです。これはたしかにいまの機械には代替できないですね。やはり多くの人間は、人間同士に対してより強い共感を抱きますから。

戸谷　突然だけど、「Ａｂｅｍａ ＴＶ」でやっている『格闘代理戦争』という番組を知っていますか。魔裟斗《まさと》とか、山本《やまもと》ＫＩＤ《きっど》徳郁《のりふみ》（二〇一八年九月に死去）とか、秋山成勲《あきやまよしひろ》とか、伝説的な格闘家がたくさん出てくるんだけど、僕はその中で青木真也《あおきしんや》が好きなんです。

この番組は、彼らが育てた格闘家をリングに上げて戦わせるんだけど、ほかのレジェンドたちは「どうすれば勝てるか」という話をするんですね。ようするに技術的な話です。ところが青木真也だけは、「勝つか負けるかが問題じゃないんだ」「自分の運命に必死に抗おうとしている姿が美しいんだ」って言うの。

糸谷　なるほど。

戸谷　僕は戦いを観る者の欲望ってそこにあると思うんです。ここで負けたらすべて台無しになるかもしれない、そんな戦いの場にあえて自分から赴く。その姿を見て人は感動する。おそらく将棋も変わらないんじゃないかな。

なぜ僕たちは棋士の戦いに興奮するのか。単にどちらが勝つかを眺めているだけではないんですよね。二人の棋士が、負けたら大きな損害をこうむってしまうかもしれないというリスクを背負いながら、人生を賭けて戦う。しかし同時に、必ずどちらかが負けるという残酷な運命が待ち受けている。僕たちはその様子を観たいんですよ。物語、しかも悲劇を観ているのに近いと思う。

糸谷 「それはＡＩにはできないことだ」というのが、戸谷さんの立場ですよね。たしかにＡＩは、上達の歴史などを背負っていません。それに、ＡＩみずからの立場を賭けるような戦いは、まだ行なわれていませんから、そういう物語が起こらないというのはありますね。

戸谷 「運命に抗う」というのも、人間が偶然の存在であるとか、人間がいつ死ぬかわからない有限な存在であるとか、そういった性質と密接に関係していると思います。なんの目的もなく生まれてきて、しかも活動できる時間が限られているのに、あえてそういうリスクを冒して生きる姿に、エンターテイナーとしての輝きを見るんじゃないかな。糸谷さんからすると「神話」かもしれないけど、僕はそれがＡＩにできなくて人間にできることだと思うんです。

人生を賭ける勝負はなくならない

糸谷 人間は、人間という種族にのみ共感するということかな。

戸谷 将来的に人間の感性が成熟していって、AIに対しても運命や悲劇を感じられるようになったら、この条件は変わってくるのかもしれない。だけど、いまの人間の感性においては、エンターテイナーは人間にしかなれないんじゃないかなっていう気がする。

糸谷 たしかに現状は、戸谷さんの言う通りかもしれない。みんな自分と同じような高等なことを考えているのは人間しかいないと思っているから。人間以外のものに対して感情移入がしにくいんですよね。でも、いずれAIが「人間の皮」をかぶるようになると僕は思うんですよ。

戸谷 さらに言えば、「人間の皮」も必要なくなるときが来る?

糸谷 いつか来るでしょうね。人間が、人間のそうした営みに感動しなくなり、レベルの高いAIの戦いのほうを面白がるようになれば、人生を賭けるとか、そういうこともなくなってくると思います。

戸谷　そこがやはり糸谷さんと違っていて、僕はなくならないと思うの。人間はこれから先もずっと愚かだと思うわけ。つまり、人間はしなくていい「殺し合い」をするし、しなくていい「殺し合い」を観ていたい生き物だと思うんです。「殺し合い」っていうのはメタフォリカルな意味ですよ。これって人間の原始的な欲望だと思うんです。すべてを賭けた二人の人間が戦って、一方は栄光を手にし、一方は没落するみたいな、そんなことを古代からずっとくり返しているわけだから。

糸谷　くり返してはきたけど、だんだん洗練されてはきていますよね。かつては古代ローマのような「パンとサーカス」の時代だってありました。あのころのような剣闘士の殺し合いを、われわれは観たいですか。野蛮じゃないですか。

戸谷　野蛮かどうかという話だと、総合格闘技ってキックボクシングやレスリングに比べてすごく野蛮なんですよ。馬乗りになって殴ったりしますから。だけど、歴史的な順序では、キックボクシングやレスリングより総合格闘技のほうがずっと新しい。歴史的な進歩とは関係がないんじゃないかな。

糸谷　でもルーリングはあるでしょう。昔は処刑を娯楽として楽しむ習慣のあった地域もありますし、サッカーなどのスポーツもいまでこそ安全なスポーツとして楽しまれていますが、敵の頭蓋骨をボールとして使った、など残虐性が含まれる歴史もあります。長いスパンで見れば、人間はだんだん進歩していると思うんです。

戸谷　いま自分の考えが揺らいでいるんだけど、たしかに糸谷さんの言う通りかもしれない（笑）。

糸谷　私も、自我というのは生命体に特有のものだと思っています。ただ、人工知能はいつか生命体に近くなると思っているんですよ。結果として、自我が獲得される可能性は否定できない。つまり、自我は必ずしも人間の特権ではなくなってくると思うんです。

哲学的スタンスの違い

戸谷　糸谷さんはドイツの哲学者、マルティン・ハイデガーを研究していましたよね。でも糸谷さんの話を聞いていて、問題のトピックとしては、英米系の分析哲学により近いと思ったんです。一方、僕はヨナスを中心に研究してきて、基本的にはドイツ哲学寄りです。ここに僕たちの考え方というか、哲学的スタンスの違いが表れているように思いました。ドイツ哲学って、すごく大まかに言えば、人間とそれ以外をはっきり区別して、人間の本質のようなものを探究する傾向にあります。それに対して英米系の分析哲学は、そうした本質そのものを問題にするのではなく、そうした本質はあくまでも言語によって構成されるって考えますよね。だから、永遠不変の本質なんてなくて、あくまでもそれがどのように語られるかで本質は決まる。

糸谷 たしかに、英米系の哲学の影響は大きいと思います。ジョン・サールなどは、あくまで人間と動物は地続きのものであると考え、人間の持つ心の働きは、動物のその働きを継承・進化させたものだと考えていました。また、永遠不変の本質というような考え方よりも、人間の何が本質とみなされるかはその言語系によって変わると考えるのが自然ではないかと私は思います。

戸谷 ところが、僕はやはり人間は自由だと思っているし、人間には固有の本質があるということを前提にして話している。その意味ではドイツ哲学っぽい考え方だと思います。糸谷さんは違いますよね。

糸谷 まあ、そうですね。

戸谷 糸谷さんは先ほど、人間の行為にはその人が生まれてきた環境が深く関わっている、と指摘していました。これってまさに、現実が社会によって構成されるという話とリンクしていると思います。また「他者が自我を持っているかはわからない」という指摘があったように、人間を特別な動物であるとか、ＡＩとは違う種族なんだとか、そういう主張には根拠がないと考える立場ですよね。

糸谷　とはいえ、サールの同僚であるヒューバート・ドレイファスは、人工知能にはできないことがたくさんあるという立場なんですけどね。とくに、専門家が行なう行為などの模倣については、いわゆるエキスパート・システムを批判したように、人間の専門家のレベルは超えられないという主張でした。しかし、現実にはチェスや将棋で人間が敗れ、また医療機関でも「ワトソン」のように、専門家を超えるレベルの人工知能が次々と誕生しています。このまま、ヒューバート・ドレイファスの批判を超えて可能になることが多いのではないかと思います。

戸谷　これまで、将棋業界における人工知能の話題から出発して、いろんなことを議論してきました。その過程で、人工知能と人間の違いという、ある意味ではよくある議論に近づいていきました。

けれど、最後に僕たちが行き着いたのは、そもそも人工知能と比較可能な「人間」という概念を簡単に想定しちゃっていいのかという、もっとメタな問題ですね。ここから先を議論していくためには、僕たちの哲学的なスタンスの違いについて、改めてしっかり議論してみたほうがよさそうです。

3章　哲学と社会の関係

ハイデガーの世界概念

戸谷　僕と糸谷さんは、二〇一一年に大阪大学大学院の文学研究科で初めて知り合ったんですよね。

糸谷　正式名称はすごく長い名前ですけどね。

戸谷　文学研究科文化形態論専攻現代思想文化学専修。めっちゃ長い（笑）。糸谷さんとは同じゼミだったんです。毎週金曜に夕方から二〇時まで勉強して、そのあと自販機で缶コーヒーを買って、みんなで遅くまで話していました。

糸谷　屋外でしゃべっていたから、冬は本当に寒かった（笑）。

戸谷　糸谷さんはたいてい発表者にいちばん近い席に座っていましたね。毎回、持ち回りで自分の研究について発表して、そのあとに質疑応答をする流れでした。いつも糸谷さんはいちばん最初に手を挙げて、厳しい質問ばかりしていましたね（笑）。僕のことを何度も袋叩きにしてくれました。

糸谷　そうだったかなあ。

戸谷　糸谷さんはマルティン・ハイデガーの弟子にあたるハンス・ヨナスを研究していて、僕はハイデガーを研究していました。おたがいドイツ系ということで、同じゼミで勉強していたんですね。そもそも糸谷さんは、なぜハイデガーの研究を始めたんですか。

糸谷　最初は、「生と死」というテーマを扱っているところに興味を持ったんです。でも、実際読み始めてみると全然違った。「人間はどう生きているか」ということを話しているのが非常に面白かったんです。人々のまわりにある事物、ハイデガーは「道具的存在者」という言い方をしているのですが、人はそれらとどう接しているのか、非常に新しい切り口で見ている。

戸谷　教科書的に言うと、ハイデガーはそれまでの伝統的な哲学で前提とされていた「主観」と「客観」の二項対立を崩していったんです。たとえば、いま僕が手にしているペンは、客体として僕に対立して存在しているわけではない。気づいたときには持っていて、手になじんでいる。ペンのことを意識しなくても、ペンを使って文字を書くことができます。つまり、人間が生きている世界というのは、人間にとって使いやすい「道具」という形で存在するんだとハイデガーは言っています。ペンのように考えなくても使えるようなものこそが「道具」であり、考えなくても使えるようなもので覆われているのが人間の世界というわけです。

糸谷　ペンでノートに字を書くとき、ペンの存在って考えないですよね。たとえば自分の名前を書くときに、「糸という字はこうで、谷という字はこうで……」と考えることはありません。これこそが、ペンとノートが「道具」として私になじんでいる状態です。

戸谷　ならば、ペンの存在を改めて意識するのはどんなときか。インクが出ないとか、「糸」の字を間違えたとか、そういうときに初めて意識するんですね。歩いているとき、足の存在を意識することはありません。でも、靴の中に石が入ったとか、指を角にぶつけたとか、そういうことが起こると足の存在が意識にのぼってくる。

うまくいかないとか、故障しているとか、何かがなくなってしまったとか、そういうときに初めて意識にのぼる。それがハイデガーの「世界概念」です。

ハンス・ヨナスと倫理学

糸谷　戸谷さんは、ヨナスのどんなところに魅力を感じたんですか。

戸谷　いまの話と関係づけていくと、人間の日常の世界は何もかもが当たり前になっていて、意識しなくても行動できる。ところが人間は「死の不安」に直面したとき、こうした世界の自明性が崩れていくとハイデガーは言っているんです。そのとき初めて、人間は自分本来の生き方ができるようになると。すごくざっくり言うと、そういう思想です。その意味で、ハイデガーの哲学はすごく個人的で、「私がどう生きるか」ということにのみフォーカスしているんですね。

糸谷 ちょっとツッコミたいところもあるんだけど。

戸谷 わかるよ。わかるけど、このまま行かせていただきたい（笑）。違った言い方をすると、ハイデガーの哲学には「倫理学」がないんです。「私がどう生きるか」だけが問題になっている。それがのちのち第二次世界大戦において、ナチス・ドイツを支持することにつながってしまうわけ。

それに対して、哲学者というのは倫理的な振る舞いをしなくてはいけない、倫理学こそが本当の意味での哲学なのではないかと考えていたのが、僕の研究しているハンス・ヨナスです。ヨナスは、ハイデガーの哲学を部分的には継承しています。つまりヨナスも、人間にとって死の意味の重要性を指摘しています。しかしヨナスの場合、それが身体の傷つきやすさに結びつき、ここから倫理的な配慮を説明していくんです。私たちは、目の前に傷ついた他者が現れたら、それを客体としてとらえることはできず、手を差し伸べざるをえない。こうした配慮こそが、あらゆる倫理学の基礎をなす「責任」であるとヨナスは主張します。

ヨナスはこうした原理的な思想から出発して、環境倫理や生命倫理など、応用的な倫理学にまで足を踏み入れていきました。これは当時、とても新しい観点のアプローチでしたので、哲学史の中では稀有な存在とされています。

ハイデガーとナチス・ドイツ

糸谷　いま戸谷さんは「ハイデガーには倫理学がない」と言ったけど、ハイデガーは単なる個人主義ではなくて、死の不安の中で自分の生き方を問い直すことで初めて、自分がそこに生まれてきた、いままで享受してきた共同体、あるいは民族の歴史を自分のものにすることができると言っています。

戸谷　ハイデガーのナチス・ドイツへの加担については、糸谷さんはどう考えていますか。

糸谷　ハイデガーは、ナチスの思想にそこまで共鳴していたわけではないと思うんです。実際、最後は決別していますから。ただ、ナチスにしたがって大学からのユダヤ人追放などの行為には加担していますから、その行為はもちろん批判されるべきだと思います。

戸谷　先ほど糸谷さんが言った「歴史的民族」の問題は、少々ややこしいんです。先ほどの死の問題と関連づけていくと、人間が日常的に生きている世界では、何もかもが自明になっている。何もかもが当たり前になっているんです。ところが当然、あらゆる物事や概念には歴史があります。しかし人間は、たいていその歴史を忘れ去っている。

ペンの例で言えば、ペンを発明したのは誰かとか、なぜペンと名づけたのかとか、まったく意識せずにペンを使っているわけです。ペンの歴史について考えることはない。その意味において、僕たちの日常というのは、歴史を忘却している状態にあるわけです。

対して、自分の死を自覚し、死の不安に直面して、自分の本来的な生き方をしようとする者は、そんな世界の眺め方から少し離れて、物事を歴史的に見ることができるとハイデガーは言っています。説明が難しいんですが、ともかく日常的な生活から離れて初めて、歴史的な物事の見方をすることができる。そして、歴史的に物事を眺められるときに初めて、人間は本来的になるんだというのがハイデガーの考え方なんです。

糸谷　この考え方が、ナショナリズムと共鳴してしまう。

戸谷　そうです。民族の歴史性、ハイデガーであればドイツ民族の歴史性を自覚することこそが、人間の本来性ということになる。それをナチス・ドイツに政治的に利用されたんですね。ナチス・ドイツはもともとドイツ民族の優位性を政治的な信条に掲げていたわけだけど、その後ろ盾にされてしまった。結果として、ハイデガーはナチス・ドイツに加担したと言われているんです。だからナチス・ドイツの思想は、ハイデガーの個人的な政治的信条というわけではない。

糸谷　実際、ハイデガーとナチス・ドイツは、最後は決別していますからね。

戸谷　問題は、彼の哲学が、内在的にナチス・ドイツと共鳴してしまったことです。これをいかに乗り越えるかが、ハイデガー以降の哲学者の共通の課題になりました。生きている人間の歴史性は覆せません。だから、歴史性は歴史性として認める。しかし同時に、ナショナリズムやポピュリズムへと回収されない論理をいかに構築するかが大きな課題となったんです。

先ほど名前が出たハンナ・アーレントという哲学者は、「公共性」という言葉を掲げています。他者と連帯して、誰もが自由に発言できる公共の空間で対話を深める。ナショナリズムやポピュリズムのような、ひとつのイデオロギーに回収されない人々の対話の中で、初めて政治が形づくられると言っています。

フランスでは、エマニュエル・レヴィナスという哲学者が現れました。レヴィナスは、ひとつのイデオロギーに回収できない他者の存在こそが重要で、他者に向き合うことが人間の正義だとする思想を展開しました。このようにハイデガー以降の哲学は、哲学とナショナリズム、哲学とポピュリズムとの関係をいかに問い直すかという観点から展開していったんです。

糸谷　ハイデガーの話に戻ると、いちばん問題なのは言語なんですよね。「国民国家」のように、いわばでっち上げられた変更可能な概念と違って、民族性のようなものが言語に源《みなもと》があると言われてしまうと。言語は思考を定義づけるものですから。

戸谷　先ほどの環境決定論の話と関連してきますね。

糸谷　あと、いまの話はハイデガーの主著である『存在と時間』の後半なんですけど、私自身はあまり後半は好きじゃないんです。死からみずからの生きる意味を見出すというのは、ちょっと変な話だなと思わないでもなくて。それでヒューバート・ドレイファスのように、前半の人間と世界を主題とする方向に流れたんですね。人間の世界との関わりという、そっちを専門でやっていたんです。

戸谷　僕はヨナスの研究者だからか、ハイデガーのことを悪く言いすぎたかもしれません。ただ、ハイデガーの影響ってすさまじいですよ。『存在と時間』ではあらゆる問題を論じ尽くしている。「認識論」と呼ばれる問題をはじめ、「人間はどう生きていくか」という実存哲学にまで踏み込んでいく。あの射程の広さはやっぱりすごいです。実際、いろんな分野に影響を与えましたからね。

なぜヨナスを研究しているのか

糸谷　ヨナスの話の続きをしましょうか。戸谷さんはなぜ、ヨナスを研究しようと思ったんですか。

戸谷　非常にカジュアルな理由で。高校生のときに『鋼の錬金術師』（荒川弘、スクウェア・エニックス刊）という漫画を読んだんです。主人公が世界を旅するファンタジー物語なんだけど、僕が印象的だったのは、科学技術で生命を操作しようとする人が現れるんですよ。たとえば人間の遺伝子と動物の遺伝子を組み合わせた、いわゆるキメラをつくっちゃう人とか、永遠の生命を得ようとして失敗しちゃう人とか。現代で言う生命倫理と呼ばれる問題に、主人公が直面する。高校生の僕はそれを読んで、「生命ってなんだろう?」とか「生命と科学技術の関係とは?」みたいなことに関心を持ったんです。

糸谷　それで哲学科に入ることにしたんだ。

戸谷　そう。ヨナスの『生命の哲学』(法政大学出版局刊)という本を読んだのは、入学した直後ですね。生命と科学技術の問題、あるいは生命と倫理の問題を主題とした本で、当時の自分にフィットしたのを覚えています。これがヨナスを研究するようになった、直接のきっかけですね。

じつは、もうひとつ大きな要因があります。僕が大学院に入学した年に発生した、東日本大震災です。科学技術と社会、あるいは責任の問題が日本中で問い直されていたけど、当時はあまり根拠のないフィーバーのような議論だなと感じていました。そういう議論ではなく、もっときちんと基礎づけて考えていかないといけないんじゃないかと思って、もっとヨナスをきちんと研究して、ゆくゆくはヨナスだけにとどまらず、科学技術と社会の関係を考えるような研究者になりたいって思ったんです。

糸谷　戸谷さんは大学院に来られたころから哲学科には珍しく、外部に対して強い責任と欲求を持っておられる方だなと思っていたのですが、やはりそうした社会への興味にもとづいたものだったのですね。

ナチス・ドイツといまの日本

戸谷　最近、現政権に対して「ナチス・ドイツのようだ」という批判が多く見られるようになってきました。ナチス・ドイツは障害者を差別・迫害して、強制収容所送りにしていたわけだけど、そのおもなロジックが「障害者を生かすために、お前たちは何十万マルクも払っている。それでいいのか？」というものでした。最近、自民党の女性議員が「ＬＧＢＴは生産性がない」と発言して問題になっていたけど、非常に近い話をしています。

ただし、ナチス・ドイツといまの日本には大きく異なる点も少なくありません。ナチス・ドイツが誕生した背景には第一次世界大戦がありました。ドイツは連合国に負けて、莫大な借金を背負うことになった。当時はたくさんのデマが流れたと言われています。国内にいる共産主義者が謀略をたくらんでいて、ドイツを貶めようとしているみたいな。

糸谷　この話はいまの日本と似ていますね。インターネットの性質上の問題かもしれませんが、デマは非常に多く出回っているように感じます。

戸谷　しかし、それで当時の外務大臣が暗殺されたりもしました。そんな混乱した状態の中からナチス・ドイツが立ち現れてくるんですね。失われた自信をとり戻したい、かつての偉大なドイツをとり戻したい、という気持ちが背景にあったと思う。ところがいまの日本のナショナリズムを加速させているのは、ドイツにおける第一次世界大戦後のようなものではなくて、コミュニティの多様化だと思うんです。それで、所属感を明確に得ることができなくなって、ポピュリズムの肥大化が進んできた。違った視点から言えば、ナチス・ドイツの時代は、人々に所属感を与えるコミュニティが国家しかなかった、ということでもあると思います。ところがいまでは、たとえば企業も人々にコミュニティを与える存在になっています。

糸谷　企業は当時からあったんじゃないですか。

戸谷　あったけど、現在ほどの影響力は持っていなかった。ところがいまは、ある種のグローバル企業になると、国家予算くらいの資産を持っています。たとえば、ドナルド・トランプはツイッターを駆使しているけど、ツイッターは公共のインフラではなく企業のサービスです。もしツイッターという企業のサービスがなかったら、彼はおそらく自分の体制を維持できないと思う。その意味では、国家よりも企業のほうが政治的な影響力を持っているとも言えるわけです。また、現在では世界中にアップル社のマックを愛用している人がいて、そうした人々は「マカー」と呼ばれるひとつのコミュニティをなしています。こうした人々はおそらく、自分の国を失うよりも、永久にマックが使えなくなったり、アカウントを凍結されたりするほうが、ダメージが大きいと思うんです。そのぶん、国家が持つ承認の機能は相対的に低下している。

糸谷 いずれにせよ、いまの日本人が所属感を感じられなくなっているのはあると思います。コミュニティが弱くなってきたことと、ポピュリズムの盛り上がりは、強く関係しているでしょうね。

戸谷 ただ、いまの日本のポピュリズムは、日本をどうしたいとか、これからの社会がどうあるべきかとか、そういう思想に根差したものではないんだよね。単に所属感を得ようとしている運動のように思える。

糸谷 「日本を愛して何が悪い」みたいな話もよく聞きますね。

戸谷 ポピュリズムの問題では、ロックバンドのRADWIMPSが象徴的な存在ですね。彼らの詞には一貫した傾向がある。それは、世界の相対性に対する不安です。たとえば「37458」という曲の、「このなんとでも言える世界がいやだ」「このどうとでもとれる世界がいやだ」という一節。「有心論」という曲では、自分は「明日の死を待つ自殺志願者」だとも言っています。そこには世界に対する根本的な絶望がある。ところが彼らは、その絶望した状態から、「君」を介して所属を得ようとするわけです。

糸谷　その通りですね。何もない、世界に見放されたような状態から、ただ一人の愛する人に承認されたいわけでしょう。彼らにおいて特徴的なのは、承認や所属感を与えるものがコミュニティではなく、二人称的な他者としての「君」ということですよね。そういう意味では、すごく「セカイ系」的な雰囲気を漂わせています。

戸谷　その作風は最近大きく変わりました。二〇一八年に発表され、歌詞が「愛国的」だと物議を醸した「HINOMARU」以前は、「君に承認」されればそれでよかった。ところが「HINOMARU」では、突如として「御霊」とか「日出づる国」とか言い出すわけ。なんでああなっちゃったのかは、僕にもよくわからないんだけど……。ただ、世界への所属感を欠いた状態から、ひるがえって自分が所属しているコミュニティの歴史的連続性に帰属しようとするのは、よくあるナショナリズムの形だと思います。

糸谷　いまの若者に自民党支持の人が多いというのも、歴史的な伝統を持っている何かに参与したいという気持ちの表れかもしれない。

リベラルにも問題がある

戸谷 とはいえ、僕はリベラルのほうにも加担できないんですよね。

糸谷 わかりますよ。閉じたコミュニティで、それぞれのグループに属している人たちが罵り合っているだけに見えます。ネトウヨに賛同している人はネトウヨ的な意見に賛同しっぱなしだし、リベラルに賛同している人はリベラル的な意見に賛同しっぱなしで、是々非々ではない。リベラルもまた、リベラルという共同体に所属しようとしている。

戸谷 たとえば政治家の顔写真を引っ張り出してきて、「悪そうな顔をしている！」などと言い出すとか、そんなのリベラルでもなんでもないですよね。

糸谷 そういう批判の仕方は絶対にすべきではない。

戸谷 つまり、ポピュリズムと対立しているはずのリベラルもまた、ポピュリズム化している。ナショナリズムでもなく、かつ「悪そうな顔をしている！」でもないリベラルは、どういう理念や原理で動いているのかな。違った言い方をすると、いまの野党のリベラルと呼ばれている勢力の思想って、与党を叩いているだけのような印象を世間に与えていると思うんです。実際はどうかわかりませんよ。でも、リベラルに固有の理念や原理が見えてこないのが、大きな問題だと思う。

糸谷 つまり、対案がないということ？

戸谷 そうだね。あるいは、対イデオロギーとか。

糸谷 対案はいまも出ているんじゃないですか。野党によって提出された法案もたくさんある。

戸谷 法案とかじゃないんですよ。法案を基礎づける理念、原理がないように見える。与党には、ナショナリズムというきわめて明確な原理がある。対して野党は、どんな原理を持っているのって。結論から言うと、ないんじゃないかなと思っているんです。いま持っていないだけではなくて、原理的にないんじゃないかと。

糸谷 それはあるかもしれないですね。先日、立憲民主党の枝野幸男《えだのゆきお》代表がいわゆるカジノ法案に対して、持統天皇を持ち出して反対していましたよね。持統天皇の「すごろく禁止令」以来、わが国では一三〇〇年以上、賭博を禁止してきたと。もちろん枝野代表が、本当に持統天皇に共感して言っているとは思わないですよ。保守に対する批判としての戦略的な引用だと思うんだけど、それを持ち出すこと自体、枝野代表の政治的理念、原理はどこに位置しているのかなって思ったんです。

戸谷　彼の戦略としては、保守という概念を、保守イコール自民党みたいな狭い理解から解放しようとしているんでしょう。自分の国を大事に思うことと、徴兵制度を支持することは必ずしも直結しないとか、自分の国を大事に思っているからこそ、より人々に自由と権利を与えるべきだとか、それが本当の保守だよねっていうことを言いたいんだと思う。ただ世論は、それを受け入れる心の余裕がないよね。

糸谷　政治の話に関しては、どうしても党派性がものを言うところが多いですね。白か黒かをはっきり分けてしまって、意に沿わないものを容赦なく攻撃する人たちも多いです。

価値多元主義を超えて

戸谷　とはいえ、こうした状況に対して哲学が役に立つかというと、僕は悲観的です。そもそも哲学者が政治に関与しようとして、碌なことにならなかった事例もたくさんあります。その代表格はプラトンですね。プラトンが構想していた政治って相当ヤバいですよ。子どもは生まれたらただちに隔離して、施設で集団で育てるとか。物語のたぐいは有害なので一切禁止、詩人は追放。子どもには体育をさせて、軍隊をつくる。それが「哲人政治」だと言っているわけ。ハイデガーはまさにプラトンの「哲人政治」に影響を受けていました。また、これは糸谷さんも同意してくれると思うけど、いまは価値多元主義の時代ですよね。つまり、あるひとつの価値観が絶対的に正しいということはなくて、つねに別の価値観が併存している。そうした中でどうやって利害を調整し、共存していくのかということが、われわれの時代の条件だと思うんです。

糸谷　いまの話は難しいところがあって、だったらナチス・ドイツと共存できるのか、という問いが鎌首をもたげてくるわけです。

戸谷　いい問いですね。価値多元主義というのは、同時に価値相対主義でもある。対して、ナチス・ドイツは当時のドイツでは正当化されたけど、人類にとっては許されないんだ、という論理を成り立たせるためには、価値多元主義を超えた普遍的な倫理を創造しなければいけない。だけど、そんなものはないんだというのが、現代の条件なわけです。

価値多元的な社会を前提にすることは、原理を訴えられない、ということだと思うんです。つまり、私はこういう原理に立脚しているけれども、私以外の原理も認めますよ、という話になるわけ。すると、ナショナリズムという原理を批判すること自体ができなくなる。何もかもが相対化していく。これってすごく根本的な問題で、結局、ポピュリズムでいかに票を集めるかっていうことでしか政治が決定されないことになってしまうんです。だから絶望しているんですよ。

糸谷 民主主義の限界、ということですか。実際、民主主義も資本主義も、行き詰まってきている感じはありますよね。歴史を見れば、政体はどんどん変わってきているわけですから、いまが最終政体とは限らない。ヘーゲルも歴史はそろそろ終わるって言っていましたしね(笑)。よく言われるのが、「哲学者は批判するしかない」という話です。いまの時代でいちばん嫌われる行為ですよ。とりあえず批判する。

戸谷 その通りで、リベラルな考え方が可能だとするなら、リベラルな原理を普遍的なものとして訴えるのではなく、自分が立脚している原理を相対化していくことでしかないと思うんです。人間はつねに自分の考え方を持っているけれども、しかし別の考え方もありうるんだ、ということに自覚的であることが求められる。

ニーチェはそれを「笑い」という言葉で表現していますよね。人間は自分が真理だと思っていることに踊らされていて、そういう踊らされている自分を眺めて笑うことができる能力に、ニーチェは可能性を見出している。また、リチャード・ローティという哲学者は「アイロニー」という言葉を使っている。自分の考えを信じてはいるけれども、心のどこかではそれが唯一ではないこともわかっている、という立場ですね。自分自身に対してアイロニカルであることがリベラリズムの原理だ、って彼は言っているんです。ただ、それがどこまで政治的な勢力に適用できるのかという問題は残ります。

人権主義者の思想とは

糸谷 私はリベラルというよりは、人権を保持することに対して熱心で、いわば人権主義者なんです。ですから、もう少し過激なことを言うんですけど、完全な多様性は認めていないないですね。

戸谷 人権を重視できる一部の人間だけが社会を統治するべきで、民主主義はポピュリズムもろとも否定しちゃう、みたいなことですか？

糸谷 というより、人権を侵害するような多様性は許されるべきではない、という考えですね。

戸谷 人権を侵害する多様性って、たとえばどういうことですか。

糸谷 ナチス・ドイツはもちろんそう。ヘイト・スピーチもそうです。

戸谷 ヘイト・スピーチって、どこからどこまでがヘイト・スピーチなの？

糸谷　実際に恐怖を与えて、生活環境に被害を与えているならヘイト・スピーチだと思います。具体的には「国に帰れ」とか、そういった行為の示唆ですね。

戸谷　相手の国籍や属性をあげつらうと、ただちにヘイト・スピーチになる？　じゃあ、「ドイツ人ってソーセージ好きだよね」はどうですか。

糸谷　危ない。

戸谷　危ないんだ。

糸谷　そもそも、そういう分類自体をすべきではない。まあ、「ドイツ人ってソーセージ好きだよね」は多くの場合において許されるけど、じゃあ「女の子ってピンク色が好きだよね」ならどうですか。かなり危ないでしょう。

戸谷　セクシャル・ハラスメントにはなるかもね。糸谷さんは、人権の概念を普遍的なものとしてとらえているということですか。

糸谷　というか、そうせざるをえない。自分の人権を保持するためには、他者の人権も保持しなくてはならないから。もっと言えば、どんな価値観や政治的な信条に立ったとしても、それこそたとえば逮捕されたりしたとしても、互いに人権を保持する必要があるためですね。

戸谷　糸谷さんの考え方は、ドイツの哲学者、ユルゲン・ハーバーマスが言っていることに近い。ハーバーマスも、価値多元的な社会を前提にしているんだけど、多様な価値観を持つ当事者たちが対話することが大事だと言っています。当事者たちが対話するためには、第一に誰もが自由に発言できる環境がないといけない。言い換えると、対話の場を破壊するような行為は許されてはいけないということになります。

したがって、人権を侵害する行為は普遍的に許されてはならないというのがハーバーマスの考え方です。その観点なら、ナチス・ドイツを批判することができるんです。つまり、価値多元的な考え方をしながらも、人権侵害をする価値観は批判することができる。

糸谷　実際問題、そういうふうにならざるをえないと思うんですけどね。無限に多様性を認めてしまったならば、どんなひどい国家も外から批判できなくなってしまいますから。ハーバーマスのような考え方は、価値多元主義を前提にしたときにとるべき政治哲学の形態だと思います。

戸谷　とはいえ、ハラスメントが横行していて、かつハラスメントによって成立している社会も存在しますよね。言い方は非常に悪いけど、ある種の未開社会においては。糸谷さんは、そういった社会は修正されるべきだと思いますか。「われわれ近代人からすると、諸君らの社会生活はきわめて野蛮である。君たちのやっていることは人権侵害だから修正するべきだ」みたいなことを、相手に言うべきかどうか。逆に言うと、日本は死刑を存続させているから、多くの国から「野蛮だ」と批判されているよね。

糸谷　日本の死刑制度もそうだし、未開社会においてもその社会を構成する人員が自由にその社会を脱出することができないのならば、程度問題ではあるけれども、人権侵害それ自体は批判されるべき。もし批判しなかったならば、自分自身がそのような状況に置かれたとしても正当に批判できなくなるのだから。

戸谷　死刑そのものというより、死刑制度を外から廃止されてもやむなしということ？

糸谷　やむなし。

戸谷　徹底しているね（笑）。

糸谷　ただ、傲慢な立場だとは思っていますよ。人権を保持することに熱心な立場、人権主義者というのは、そもそもが傲慢なんです。たとえばカーストみたいなものがあって、女性の選挙権さえ認められていない神権社会があったとします。ところが住人は、みんな神さまの教えを信じて幸せに暮らしていたとする。そういう社会に対しても、ふざけるな、そんな社会では人権が守られないじゃないか、と言わなくてはならないと思っています。

戸谷　じゃあ、高校野球もやめるべき？

糸谷　高校野球は夜やればいいんじゃないの。坊主頭の強制はやめるべきだと思うけど。

戸谷　じゃあ、ボクシングはやめるべき？

糸谷　それは好きでやっているならやればいいでしょう。私は痛いのは嫌だけど。よいことであれ悪いことであれ、善行権も愚行権もあるべき。

戸谷　話していて思ったけど、僕と糸谷さん、けっこう考え方が違うんだね（笑）。

糸谷　私は過激派というか、原理主義者に近いので。

オウムと死刑問題

戸谷　オウム真理教の問題について思うことはある？　僕は最近、ふたつ思っていることがあるの。ひとつは先日、一三人の死刑囚の死刑執行が行なわれましたよね。その報道を受けて「公開処刑だ」と言う人がいる。でも僕は、本当にそうかなという気がしていて。そんなに簡単なものではない気がするんです。言い方を換えると、公開処刑という前近代的なものではなくて、そこから血生臭さに由来する人々の抵抗感を漂白しつつ、しかし公開処刑の機能だけを残したような、より洗練されたもののように感じるんですよ。

糸谷　もうひとつは？

戸谷　最近、麻原彰晃《あさはらしょうこう》の映像をインターネットで観ているんです。すると、とりわけオウム初期のころは、彼が知的であることに驚くわけ。非常に理路整然としているんですね。逮捕されたあと、彼が発狂してしまってほとんど何も話さないとか、奇声を上げているとか、そんな麻原彰晃の姿が漏れ伝わってきたけど、ギャップに驚くんですよ。あれだったら変な話、頭のいい人がだまされてもおかしくないかなという気がしました。

糸谷　新興宗教の教祖の人たちって、基本的に非常に教養が深くて、理論をきっちり展開できる人が多い印象ですね。それだけの説得力がないと、既存の宗教に対抗して新しい宗教を興すことはできないでしょう。オウムに関しては、私はまず死刑の問題ですね。そもそも死刑自体に批判的なので。

戸谷　僕も、第一には死刑に反対です。でも第二に、麻原彰晃の死刑に対する批判の仕方が僕には不満なんですよ。国際的に批判されているからとか、世界的な流れと逆行しているからとか、それしか根拠がないのかと思ってしまう。はっきり言って、そんなのどうでもよくないですか？　もっと原理にもとづいて批判するべきだと思う。

糸谷　原理にもとづいて言うなら、刑罰はなんのためにあるのかという話になりますよね。被害者の復讐のためでなく、加害者への教育のために刑罰があるのなら、教育の可能性を奪う死刑という刑罰はやってはならないことです。懲役刑のように人権に一定の制限を与えるのはやむなしかもしれませんが、死刑は完全に更生の機会を奪ってしまいますから。

戸谷　そう批判してくれると僕も納得するんですけどね。

オウムと人権

糸谷　地下鉄サリン事件が起きた当時は、信者に対する微罪逮捕もありましたよね。それに対して多くの識者が沈黙し、許容してしまった。

戸谷　微罪逮捕についてはもちろん反対なんだけど、それまでオウムを支持していた哲学者、宗教学者たちが、オウムが怪しくなってきたとたんに沈黙してしまった。その首尾一貫性のなさがどうかと思いますね。

糸谷　理論や学識についてほめることと、その人物の行為について批判することは矛盾しないはずなんですけどね。たとえば三島由紀夫の作品は好きだけど、彼の起こした事件は犯罪だ、許されないというのは一貫しているでしょう。

戸谷　そうすると、ナチス・ドイツに加担してしまったハイデガーも、とがめられないということになりませんか？　あえて極端なことを言うと、糸谷さんの立場からすると、微罪逮捕してもいいことになりませんか。つまり、先ほどの話では、糸谷さんは人権主義者ですよね。人権を侵害するような行為は、価値多元的な社会においても制限されるべきだとおっしゃっていた。であれば、法的手続きをとることなく、信者を逮捕することも許容されるのでは？

糸谷　いや、法は必要ですよ。だって、本当にやっているかはわからないですから。疑っている段階で捕まえるのは、基本的には人権の制限になります。

戸谷　人権を侵害している加害者の行動を制限するにも、法的手続きが必要ということ？　つまり、人権を侵害している奴の人権も、保護しないといけないということですか。

糸谷　本当にやっているかわからない状態では、当然そうなります。さすがに目の前で人を殺したのなら、その場で拘束すべきですよ。だけど、あいつは人を殺したかもしれないという疑惑のみで別件逮捕することは、批判されるべきだと思うんです。きちんと適法な捜査をして証拠が出てから逮捕すべきだと。

戸谷　僕が研究しているヨナスは、第二次世界大戦中、英国軍に属していたんです。英国軍が創設した「ユダヤ旅団」というグループに加わっていた。ユダヤ人のみで組織された特殊部隊で、イタリアで戦って最終的に勝つんです。それで戦いに勝ったあと、ヨナスは関与していないけど、彼らの一部がドイツでナチ狩りをするのね。ナチスの政治家の家族を惨殺したりするわけ。

ところが、彼らはまったく罪に問われなかった。それがときに、ヨナスに対する批判の論拠にもなったりするんだけど。糸谷さんの立場としては、こうした私的な報復も許されないですか。ナチス・ドイツが許されないのと同様、非合法なナチ狩りも許されない？

糸谷　もちろん。しかも党員の家族を殺すなんて許されないでしょう。

戸谷　一貫していますね。僕もその通りだと思うけど、オウムの微罪逮捕が許されないのと同じロジックですよね。

ネトウヨと「生産性」発言

糸谷　ナチス・ドイツの話がまた出ましたが、いまの日本社会も右傾化しているとよく言われます。先ほどリベラルの話が出ましたが、対極にあるいわゆるネット右翼、通称「ネトウヨ」に対しては何か思うことはありますか？

戸谷　何？　その誘い方（笑）。でもね、ネトウヨが苦手なのは自明なんだけど、ネトウヨをディスっているリベラルも苦手なんですよ。さっきからリベラル批判ばかりで、僕がネトウヨと思われそうで嫌なんだけど……。

なぜかと言うと、ネトウヨをディスっているリベラルって、物事を記憶する努力をあまりしていないと思うの。防衛省の公文書隠しの問題も、森友・加計学園の問題も忘れ去っているように見える。掘り返したらもっといろんなことが出てきたはずなのに、何もかもが風化して、最近は西日本豪雨のときに空白の何日間があったみたいな話に議論が集中しています。

この話だって、今年（二〇一八年）の終わりにいったい何人が覚えていることか。そのことを与党の人たちは当然、わかっていると思うんです。みんなぜんぶ忘れてしまうということを。きっと選挙になったら、与党が圧勝するでしょう。リベラルの人たちって、本気でこの社会のことを考える気があるのかと思うんですよね。

糸谷　それは卵が先かニワトリが先かっていう話でもあると思います。ずっと同じ話題ばかりやっているとまたその話かって怒る人がいるからそうなると思うんですよね。

戸谷　やっぱりソーシャルメディアは、やめたほうがいいね。昨今の世界的なポピュリズムの隆盛は、政治的な信条の腐敗というよりも、SNSを人々がうまく使いこなせなかったことによる弊害のように思えます。

糸谷　そもそも、情報過多なんですよ。情報がくり返し与えられると、表面だけで飽き飽きしてしまうんですね。量ではなく、掘り下げる濃密さがほしい。自分が見なくていいものまで見えてしまうから、かえって自分の立場がわからなくなって、わかりやすい、単純なものばかりが注目されてしまう。

戸谷　話をネトウヨに戻すと、僕からするとネトウヨって明らかに愚かで、それゆえに、わざわざ批判したいという気すら起きないんです。「LGBTは生産性がない」みたいな発言もそう。もちろん許されるべきではないけど、僕の感覚からすると、こんなに多くのジャーナリストや識者が大々的に報道しなくちゃいけない問題なのかと思うわけ。政治家があんな発言をするのは重大な問題ですよ。だけど、重大な問題なのは自明じゃないですか。

糸谷　みんな自明だと思っていないから騒いでいるんじゃない？

戸谷　だとすれば、あの発言が問題だということが自明じゃない社会のほうが問題だよ。僕からすれば、あの発言の何が問題なのかを五〇〇〇字で解説してくれと言われても、書く気がまったく起きないですよ。そんなこと説明されないとわからないのかって思う。

もちろん、説明しようと思えばできますよ。だけど、すでに危険だとわかっていることって、危険じゃないわけ。それが危険であると明らかになっていないことのほうが、はるかに危険なんです。そういうみんなから危険だと思われていないことを危険だと指摘するのが、リベラルの役割だと思うの。リチャード・ローティの言葉をあえて使うなら、「アイロニカルになる」ということです。リベラルの人たちってアイロニカルじゃないよね。

糸谷　そうですね。リベラルはあくまで自分の理念にしたがって支持されているものでも、まずいものはまずいと主張しなければならないのではないでしょうか。たとえ国民の多くが支持していることであっても、理念にそぐわないものであれば批判しなければならないと思います。そうでなければポピュリズムになってしまう。

ネトウヨと哲学カフェ

戸谷　一方で、ネトウヨに問題があるとすれば、それはやはり対話の欠落というか、相手の話を聞こうとする姿勢がない点にあるように思います。そうした傾向はリベラルよりも明らかに深刻ですね。

糸谷　インターネットの影響力も大きいですよね。あの手のブログや動画をずっと見ていたら洗脳されるのもわからないではない。だからネトウヨの人たちって愚かだけど、ある意味、型にはめられているわけです。もともと誰かがハマるように用意したところにハマってしまった。そういった意味では、同情すべきところもあると思いますね。

戸谷　たしかにネットの影響は大きい。

糸谷　われわれが中高生のころは、いわゆる「まとめサイト」が花開いていましたよね。あのせいで、われわれの同世代に反韓・反中の人が多いと思うんです。で、私が大事だと思うのは、なっちゃったあとにどうするかなんですよ。治らないからどうしようもないと開き直ってよいのか。もしハマってしまっている人がいたら、現実にどういう言葉をかけるべきなのか。戸谷さんの「哲学カフェ」には、ネトウヨの人って来ます？

戸谷　基本的には来ないですね。いつ来るかなと思って待っているんですけど（笑）。ただ、政治的な話題って「哲学カフェ」ではしにくいんですよ。なぜかと言うと、政治的な話題には、必ずその人の利害が関わってくるからです。仮に僕が外国にルーツを持つ人間だったら、当然ナショナリズムについて冷静に話せないですよね。あるいは糸谷さんが高額納税者なら——。

糸谷　高額納税者じゃないですよ（笑）。

戸谷　仮にそうだとしたら、税金に対する考え方も変わってくるよね。テーマによっては「糸谷さんは高額納税者だからそう言うんでしょ」という話で終わってしまう。その意味で、政治的な話題って自由に話せないわけ。だから「哲学カフェ」では「友情とは何か」とか「愛とは何か」とか、抽象的なことだけを論じるんです。

糸谷　なるほど。

戸谷　さっきの話では、糸谷さんはハーバーマスっぽくて、人権主義者ですよね。だけど僕は、どちらかというと政治に関しては相対主義者なんです。自分の立場を相対化していくことこそが正しいと考えるタイプ。そんな僕からすると、「哲学カフェ」というのは自分の考えを相対化するいい機会なんです。

それまで自分が自明だと思っていたことに対して、他者から反論をされる。反論に出会うことって苦痛なんです。とくに議論の練習ができていない人には。それで怒ってしまったり、イライラしてしまったりもする。だけど、対話を続けていくうちに信頼関係ができていって、この人が言うことも成り立つのかもしれないって認め合えるようになってくる。僕はそのプロセスがすごく好きなんですね。自分の考えを相対化していって、だけれども単なる相対主義には陥らずに、信頼できる人間関係をつくり上げていくことが。

糸谷 でも、それができない人もやって来るわけでしょう。

戸谷 ネトウヨこそ来ないものの、ヘイト発言をする人はやっぱりいますよ。ハラスメント発言をする人はもっといる。「君は女の子だから」みたいなことを平気で言う男性もたまにいらっしゃいます。……糸谷さん、渋い顔してるねえ（笑）。めっちゃ嫌いでしょ、そういう人。

糸谷 キレちゃいますね、それは。

戸谷 そうなってしまうと議論を立て直すのが本当に大変で。現実社会でも起きているある種の軋轢だなあと思いながら無理やり話を進めてしまうんですが。

糸谷 相手の発言を直接、批判しないとか、何かルールはあるんですか。

戸谷 そうしたルールは設けていません。僕の考え方だけど、哲学は人に幸福を与えたり、人を気持ちよくさせたりするものとは限らないんです。むしろ人を不快にさせたり、苛立たせたりすることで豊かな対話が生まれることもあるし、違った見方ができるようになることもある。なので、挑発的なことを誰かが言っても許すことにしています。

糸谷　物事を突き詰めて考えるということ自体、基本的には不快なことですよ。突き詰めて考えるということは、それまで自分の信じていたことが掘り崩される可能性があるわけですから。

戸谷　その通りですね。ハイデガーに戻ると、人間というのは自明な世界に生きているので、その自明性が崩されることを不安に感じるものです。

糸谷　でも、その人の自明性を殴っていかないといけないんですよ。ぶん殴って不安にさせないと、その人の世界は変わらないから。でも、残念ながらそういう場にネトウヨは来ないんですよね。

マルクス・ガブリエルをめぐって

戸谷　いま話題の『なぜ世界は存在しないのか』（講談社刊）という本を書いた、マルクス・ガブリエルというドイツの哲学者がいます。この前、ＮＨＫの番組にも出ていましたね。糸谷さん、読んだ？

糸谷　うん、面白かったですよ。

戸谷　彼はすごく特殊な存在なんです。さっき説明したように、ドイツではハイデガーがナチスに加担してしまったために、戦後、ドイツ哲学というのは基本的に消滅するんです。ドイツ的な死、歴史、世界などの問題圏はフランスに移っていって、レヴィナスとかサルトルが展開していくことになる。

　一方、ハーバーマスやヨナスといった、ハイデガーに続く世代の哲学者は、アメリカに渡ります。ハーバーマスは後年、ドイツに戻るんですが、発達心理学や社会学といった、いわゆるアメリカ的な学問を引っさげてきます。そうしてアメリカナイズされたドイツ哲学を展開していった。

糸谷　その通りですね。

戸谷　このように、いまだにドイツ哲学は、ナチス・ドイツに加担してしまった負債を支払い切れていない。実際、ガブリエルがＮＨＫに出演したときも、ナチス・ドイツの話は何度も出てきた。たとえば「法と倫理では、どちらが基礎にあるのか？」という質問に対して、彼は「倫理だ」って答えるんです。なぜなら法が先立つと、ナチス・ドイツが制定した憲法も倫理的だとなってしまうからと。僕から見ると、あのくだりは明らかにドイツ哲学に特有の関心です。

糸谷 その意味では、彼自身も大きな負債を背負っている。

戸谷 そのインタビューでいちばん印象的だったのが、ガブリエルは「私は話し合えば、誰とでもわかり合うことができる」と言っていたんです。たとえ相手がアドルフ・ヒトラーであっても、言葉を慎重に選び、様々なたとえ話を駆使すれば、ヒトラーとでさえもわかり合えるという。これはすごい発言だと思った。ドイツ哲学も変わってきたんだなという印象を受けました。

ナチス・ドイツを全面否定するのではなく、ある種のコミュニケーションの可能性を信じている。その考え方が成り立つのであれば、ネトウヨが「哲学カフェ」に来てもわかり合えるかもしれません。

糸谷 でも、現実の社会では、おたがいを尊重しながら対話できる場ってないですからね。国会ですら、そういう場になっていない。結局、罵り合いのようになって、相手の弱点をあげつらうようなコミュニケーションになりがちです。

戸谷 糸谷さんはガブリエルを読んでみてどうでしたか。

糸谷 コンテクストが複雑ですよね。「そもそも、なぜ世界が存在しないのかという話をいまやらなければいけない意義とは？」と、あまり哲学に触れていない方は考えそうです。

戸谷　『なぜ世界は存在しないのか』について言えば、その中核にある「世界は存在しない」という考え方は、それこそハイデガーの思想に似ていますよね。ハイデガーも、世界というのは存在しているものの全体ではないんだと主張しています。世界はどこまで行っても、存在するものとして存在しているのではなく、あくまで「道具」のネットワークとして存在しているんだ、と。したがって、厳密な意味において世界は存在しない。ガブリエルの言う「意味の場」という概念も、発想としてはハイデガーの世界性概念にきわめて似ていると思えますね。

『なぜ世界は存在しないのか』はなぜ売れたのか

糸谷　不思議なのは、あれがなぜベストセラーになったのかということなんですよ。

戸谷　第一に、ああいう哲学者はときどき日本にやってくるものだと思います。昔だったらハイデガー、サルトル、ドゥルーズ、デリダ。その後、九〇年代あたりは間が空いて、最近になって『これからの「正義」の話をしよう』（早川書房刊）で有名になったマイケル・サンデル、そしてここに来てガブリエルですね。いわゆる輸入文化のひとつでしかない、と言ってしまったらそれまでだけど、日本は昔から定期的に、新しい海外の哲学者を紹介したがる国なんだと思います。明治時代からそうだっていう話もありますからね。おそらくガブリエル自身、自分が過剰に評価されていると思っているんじゃないかな。

しかし第二に、近年の日本の状況と照らし合わせてみると、九〇年代以降、哲学と社会の関係は希薄になってきていた、と言えると思います。問題を思想で解決するのではなく、社会的構造の調整によって問題が未然に防がれるよう社会を変えるんだ、という考え方が広まってきたと思うんです。ようするに、社会の問題を解決するのは社会学であり、経済学であるという考え方です。その証拠に、哲学書の棚に社会学者や経済学者の本が並ぶようになりました。

糸谷 以前はなかったことですね。

戸谷 その文脈においては、ガブリエルはたしかに新しい。彼の哲学は思弁的だし、即効的に社会構造を変えようとするものではありません。悪い言い方をすれば、「わけがわからない系」の哲学です。しかし、そういう思想こそが社会を変える力を持っているんだ、と人々から信じられているという意味においては、近年において非常に新しい人だと思います。それに対して、サンデルですら、社会の問題調整に哲学の役割を見出しているように見えます。彼自身は共同体主義の哲学者として位置づけられていますが、いわゆる「わけがわからない」哲学者ではないですね。もっと常識的というか。

糸谷　それは分析哲学の傾向ですね。大きな問題圏を抱えるのではなく、どんどん細かくしていく。それこそ世界の話から言語の話になり、さらに認知やそのほかの話になってと、細かく砕いてやるのが特徴なんです。大陸の哲学と、英米流の分析哲学との傾向の違いだと思います。

戸谷　サンデルはアメリカの哲学者で、ガブリエルはドイツの哲学者ですからね。ヨーロッパの哲学者とアメリカの哲学者って、やっぱりカラーが違う。アメリカの哲学者のほうが分析的ですよね。

糸谷　分析哲学のほうでは物事を細分化して、その分野について哲学的に考えるというやり方が主流になっているように感じます。物事を大きな世界から考えるか、そのジャンルの範囲から考えるかですね。一方、大陸哲学は傾向として、やはり大きな世界を初めに考えているのだと思います。物事の全体を基礎づける原理の探究、とでもいったところでしょうか。ガブリエルを介して、そういうダイナミックな哲学に注目が集まっていることは、たしかに興味深いできごとですね。

「哲学者」を自称することについて

戸谷 糸谷さんに聞いてみたかったんだけど、哲学者って最近、一般のメディアに登場するときに、やたら教師の姿を借りて出てこない？ つまり、哲学者が社会で表象されるときに、大学教授として現れてくるんですよ。どうしてかなと思って。

糸谷 世の中の人の哲学者のイメージってそれしかないんじゃない？

戸谷 哲学者と聞いても、何もイメージできないのかな。

糸谷 だって大学教授以外で、普通に哲学のみで食べることができる哲学者って日本にいます？ 在野の哲学者という存在が、いまの日本では成り立っていないでしょう。

戸谷 よく言われるのが、大学の研究者は「哲学者」ではなく、「哲学研究者」「哲学史研究者」だということ。つまり、大学で行なわれている研究は、過去の哲学者の思想を引用して解釈しているだけで、世界に対してなんのアクチュアリティ（現実性）も持っていないだろうという批判があるわけです。半分くらい同意するんですが、自分は「哲学者」を自称しているので、いろんな誤解を招きがちなんですね。

第一に、お前は「哲学者」ではなく「哲学研究者」だっていう批判が起こりえます。第二に、「哲学者」を自称したということは、研究はもうしないのかという批判も起こりうる。大衆向けの「超訳なんとか」みたいな本を書く、在野の人間になっちゃったのね、アカデミックな世界は捨てたのねみたいな。実際、研究者のコミュニティで「哲学者」を自称すると、若干、白い眼で見られることはありますね。

糸谷 それって哲学者だけなのかな。社会学者とかはどうなんだろう。

戸谷 社会学者はないと思うよ。哲学者は歴史がややこしくて、いわゆる今日の大学制度が確立される前から存在しているんですね。一方、社会学者や経済学者は、大学制度が確立されたあとに誕生しているので、大学教員＝学者っていう図式が成り立ちやすい。逆に言えば、その分だけ大学教員であることを超えた社会的責任は希薄なのかもしれません。

糸谷 哲学者は期待されているの？

戸谷 だって「俺は哲学者だ」だって自称したら、大学の研究者だけに限定されない何かを背負っている感じがするでしょう。そういうのを背負うと、少しやっかいなんですよね。驕り高ぶった言い方をすれば、自分にはできないことを期待されたりするかもしれないから。それこそ糸谷さんが、哲学者を自称すればよいのにと思います。学位を持っているんだし。糸谷さんはそもそも、哲学のどんなところに魅力を感じているんですか。

糸谷 ありふれた言い方かもしれないけど、人生を豊かにするという点では非常にいいものだと思いますよ。何かに疑問を抱いて、何かを考える。自分や自分のまわりの世界のような根源的なことを考えるのは、非常に有意義な時間の使い方だと思っています。

戸谷 将棋にかける時間を削ってでも？

糸谷 私の最終的な人間としての目標は「どう生きるか」ですから。将棋を抜きにしても、私の人生は続いていくので。将棋だけで生きていたら、引退して何をするか途方にくれてしまいそうです（笑）。

戸谷 哲学は将棋の役に立ちました？

糸谷 役に立ったかはわからないけど、思考の仕方は変わりましたね。自分の常識に疑いを持てるようになった。メタ思考も得意になったし。ただし副作用もあって、人の言うことを素直に聞かなくなった（笑）。

戸谷 それでも糸谷さんは哲学者ではないの？　糸谷さんは絶対、「哲学者」を自称したほうがいいよ。対局にニーチェの本とか持っていってさ、王手をかけるときに「神は死んだ！」って叫ぶの（笑）。

哲学と社会への影響

糸谷　戸谷さんは哲学者という肩書きをよい意味で利用して、社会に影響を与えたいという気持ちはないんですか。

戸谷　難しい問いですね。哲学者が引き受けられる、哲学研究以外の役割というのはあると思っています。具体的には、異分野に行ってそこで前提とされているような考え方を変えていくことです。哲学という学問そのものを説明するときによく話すことなんだけど、哲学にはまず、固有の知識の体系がないんですよ。言い換えると、1＋1は2だとか、統計的にはこの方法が正しいとか、ディシプリン（学問）として確立されている「正しい答え」はないんですね。ヘーゲルはこう言っているとか、カントはこう言っているとかはあるんだけど、じゃあヘーゲルやカントがそう言っているからそれが正しいとは限らない。かといって、自由気ままにお説教とかをしていればいいのかといったら――。

糸谷　もちろんそうではない。

戸谷　哲学の研究方法とは、「概念の吟味」だと思うんです。つまり、直接的に観察される経験的な事実を吟味するのではなく、それを理解するための概念を吟味する。概念っていうのは、ひとつだけで成り立っているのではなく、いろんな概念とのネットワークによって成り立っています。たとえば正義という概念であれば、道徳や平等、責任など、いろんな概念とつながっている。哲学者の役割は、こうした概念のネットワークを有機的なものにしていくことだと思うんです。こうして首尾一貫した概念を使って、現実が理解できるようになるのを支援することが、僕が思う哲学の役割ですね。

哲学者がいろんなフィールドに出かけて、そこで問題が起きたときに概念の整理をする。その結果、問題が解決して、社会がよりよくなっていく。恣意的な部分がなくなって、みんなが首尾一貫した考え方で行動できるようになる。そんな状況をアシストすることが、哲学者が担える役割だと思います。

糸谷　けっこう分析的ですね。永遠不変の真理を解明するとか、新しい世界観を打ち出すとか、そういう壮大な夢を語る人に比べると、ずいぶん控えめな態度のようにも思います。

戸谷　逆に言うと、人類が到達すべき未来を指し示すとか、人々が抱えている生きづらさを解決するとか、それは哲学の役割ではない。理解できないものを理解できるようにするとか、矛盾しているものを矛盾していないようにするとか、それが役割だと思っています。

糸谷　矛盾しているものを矛盾していないようにするってどういうことですか。

戸谷　たとえば、パスカルというフランスの哲学者は、「人間は考える葦《あし》である」という言葉を残しています。この言葉の中で、「考える」と「葦」は対立しているんですね。つまり、「考える」は人間の高貴な部分を指している。対して「葦」は水草のことで、人間の卑小な部分を指している。風に吹かれたらすぐ揺れ動くみたいなイメージですね。つまり、パスカルの哲学には、「人間は卑小であると同時に高貴だ」という両義性があるわけ。このような矛盾した考え方に出会ったとき、これが首尾一貫するとしたらどう理解すればいいだろうと考えるのが、いわゆる哲学研究者が行なっていることです。

あくまで例だけど、ここで言う「高貴さ」は「精神の自由」と理解してみる。「卑小さ」は「肉体の傷つきやすさ」と理解してみる。そう考えると、「人間とは肉体が傷つきやすいという意味では卑小だが、精神が自由であるという意味では高貴である」と言えるわけ。これで矛盾はなくなったでしょう。これが哲学研究の基本的なやり方で、現実の世界にも応用できると僕は思っています。

糸谷　たしかに、概念の整理とかは需要がありそうですよね。

戸谷　ただし、すべての哲学者がこのように考えているわけではないと思う。僕の考え方は論理的な一貫性を重視しているんですが、論理的な一貫性そのものが重要ではないという考え方の哲学者もいるし、論理的な一貫性の正しさは論理的に説明できないという哲学者もいる。いろんな立場がありますね。

もっとも、哲学の役割は歴史的に見れば大きく変容してきました。そもそも哲学とは、古代ギリシャ語の「フィロソフィア」という言葉が起源だとされています。「フィロ」は愛する、「ソフィア」は叡智という意味。「叡智を愛する」のが哲学だというわけです。ここで言う「叡智」とは、永遠不変の知を指します。つまり、変わることのない、誰にでも当てはまる知ということ。

ところが現代になってくると、そうした普遍的な真理そのものが、特定の歴史的な文脈によってつくられる虚構だということがわかってきた。さっきから名前が出ているローティやハーバーマスは、こうした前提のうえで思考しているわけです。そんな状況の中、それでも知を愛することができるとしたら――。自分が見ているのではない現実に対し、自分が持っている概念を拡張していくこと。自分の外側にある現実に対して、それを理解できるような形で概念を広げ、豊かにしていくこと。そんな作業になると思います。

これらは古代ギリシャにおいて理想とされていたのとは異なって、終わらない作業だと思うんです。どこまでも他なる現実は存在しますから。概念の再編成をずっとくり返していくのが、現代の哲学者の役割ではないかと思いますね。

他者のイデオロギーを理解するには

戸谷　いま話したように、哲学的な思考というのは、自分が信じているのとは異なる現実を理解しようとすることだと思っています。自分と考え方が異なるネトウヨの意見であっても、どうしてこの人はこういう考え方を持っているんだろうと理解しようとすることが求められると思うんですね。
いまのリベラルには、そういう努力が足りないように僕には思える。ネトウヨじゃなくて、テロリストでも麻原彰晃でもいいんですけど、自分にはまったく理解できない、ときには自分を脅かすかもしれない他者であっても、その考えを理解しようとする努力が必要だと思います。

糸谷　その努力は、相手を正当化することとはまったく別ですからね。

戸谷　僕が開いている「哲学カフェ」は、そんな場にしたいなと思っています。異なる考え方を持っている者同士が、自分を乗り越えて、おたがいを理解し合おうとする場。たとえ成功しなくても、理解し合おうという試みが大切なんです。

糸谷　人のイデオロギーを理解するためには、まず自分のイデオロギーを解体する必要があるんです。どうしても人間は、ある種のイデオロギーを捨てることができない。イデオロギーというのは色メガネみたいなものなので、そのメガネをいったん外さないと、相手がどういうイデオロギーで世界を見ているかがわからない。別のメガネをかけられるようにならないと、他者の意見は理解できないと思うんです。

ところが最近は、メガネを外さないまま、お前の見ているものは違うって言い合っている。理解なんかし合えるわけがありません。まあ、「解体」は苦痛をともなうから、なかなか難しいのかもしれないけど。

戸谷　その苦痛に耐えられる力があるかどうかで、決まってしまうところがありますね。

糸谷　だから哲学者って、どちらにも嫌な現実を見せることができるから、楽しい仕事だと思うんですよ。

戸谷　楽しくはないよ（笑）。でも糸谷さんの発言って、常識を揺さぶってくるよね。「将棋界は斜陽産業なので……」とか。そういう発言をどんどんしていったらいいと思いますよ。

糸谷　昔はそういう発言が、人によっては不快感を与えるということがわからなかったんですよ。でも最近は、わかってきてしまったので、あまり言わないようにしている。

戸谷　丸くなってきたって噂だよね（笑）。

糸谷　でも「揺らす」ということは大切だと思うんですよ。さっきの話にも通じるんだけど、自明なままの世界に住んでいる人は、いつまでも変わらないんです。だからその世界を揺らさないといけない。そうしないと何も変わらない。でも、揺れるのはみんな嫌だから、嫌われる覚悟がないとできない。しかも、嫌われただけで終わるかもしれない。けれど、揺らさないといけない。そんな感じですね。

戸谷　糸谷さん、リベラルだもんね。

糸谷　そうかな。人権主義者はリベラルではないと思うんですよ。たしかにリベラルと呼ばれる側の意見に賛同することが多いけど、むしろリベラルからは「白人文化主義だ」って批判される側の人間なんですよ。だって人権主義者は、たとえばサウジアラビアのように女性が抑圧されている国を全力で批判しますから。女性の人権を侵害するなって。

戸谷　糸谷さん、もっとそういう一面を出していいと思うんだけどな。だって将棋界にそんな人いないいじゃない。この本がきっかけになるといいな。

糸谷　たしかに、そういう意味ではなんだって批判するべきなんですよね。党派性に引きずられるのは非常によくない。

「哲学カフェ」の問題点

戸谷　哲学って、場合によっては相手を傷つけることにもなるので、あまり本当のことが言えない場合もあります。「哲学カフェ」でも、思ったことをそのまま言うと相手を傷つけてしまうから、黙っていることってあるんですよ。そんなとき、自分はこれでいいのかって思うことがある。

糸谷　戸谷さん、優しいんですよ。僕は人を傷つけてでも批判はすべきだと思う。

戸谷　でもいまの社会って、傷つく、傷つけられるということに、かなり敏感になっている状態だと思うんです。たとえば僕は大学で授業をしているんですけど、学生がちょっとでも傷つくようなことは怖くて言えないですね。

糸谷　パワハラになるの？　「君の主張はここが間違っている」って詰めたりすると。

戸谷　絶対なる。これって教育の問題とも関わっていて、相手がしてほしいことだけをしていたら、それは教育ではないわけ。相手がしてほしくないこともしないといけないのが教育です。だけど最近は、相手のために相手を傷つけることが許容されないから、教育が難しくなってきましたね。

糸谷　みんな、批判されるのが嫌いなんですよ。けれど、批判するのは好き。これって社会的病理だと思っているんだけど。

戸谷　あと、性的な話題は「哲学カフェ」では絶対できないですね。ただちにハラスメントになるので。本当は「エロスとは何か？」みたいなテーマもやってみたいと思うんですよ。だってエロスは、すごく哲学的な問題を含んでいるから。

糸谷　本当にできない？

戸谷　やったらヤバいよ。「エロスと聞いてやって来ました、うへへ……」みたいなヤバい奴もいっぱい来ると思う（笑）。以前、「結婚」をテーマにしたことがあるんです。そのときも、明らかなセクハラ発言が連発されていました。「昔に比べて昨今の女性は……」みたいな。そういうことを言う人がやっぱり来るんですよ。そのときはリベラルな発言をされていた女性が、怒って途中で退席されたんです。だから僕の中では失敗の回で。それ以来、結婚ですら話題にできなくなっていますね。だから性的な話なんてもってのほか。

糸谷　それでも対話の場は必要だと思いますけどね。

戸谷　自分のやっていることを覆すようですけど、一方で対話ばかりになっているのもどうかな、って思うんだよね。たとえば、五〇〇ページの哲学書を読んで何かを徹底的に考えたい、っていう欲望がいまの社会にあるのかな。あるいは、哲学がコミュニケーションツールになるとか、ソーシャルスキルが向上するとか、自己啓発みたいな形で哲学を称揚している人たちもいる。もちろんそういう側面はあるし、それは大事なことだけど、テクストを批判的に読むことを通じて鍛えられる思考もあると思うんだよね。

糸谷　「議論ではなく対話しかない」という意見もありますよね。同じことを学んでいたとしても議論になるとは限らない。

戸谷　たとえば、一文字〇・五円とかで発注しているであろう、ブログ記事がありますよね。ああいうのを情報源にするオピニオンというのは貧弱だし、ポピュリズム化していくと思う。そうではなくて、一度読んだだけではまったく理解できないんだけど、それこそ一か月くらいかけて読んでいくことで、おぼろげながら自分の考えが変わっていくような読書経験も哲学的な活動なわけ。対話もいいけど、そういう機会もこの世界に増えていったらいいなと思うんです。

糸谷　ただ、それを望んでいる人は少ないですよね。

戸谷　少ないでしょうね。逆に言うと、そういうのを望んでいる人は「哲学カフェ」には来ないと思う。「哲学カフェ」って、どうしても自分の生活実感を話す場になってしまう。だから、テクストで鍛えられた人が、ガチガチに議論したくて来てくれても、たぶん面白く対話できないと思います。実際にそういう経験が何度かありますね。問題設定の妥当性から話し合って、ほかの参加者を置いてけぼりにして議論を進行させようとしたり、あるいは、まったく議論に関与しなくなってしまったり。これはどうしたものかなと。

糸谷　ガチでやっている人には、きっと居心地が悪そうですね。

戸谷　もし糸谷さんが「哲学カフェ」に来たら、みんなチビると思うよ（笑）。怖くて。

「コミュニティ」の問題点

糸谷　ほかの人がやっている読書会はどうなんですかね。

戸谷　巷の読書会も、そこで流通している価値観は本を読むことそのものではなくて、本を読んで、それをネタにコミュニケーションすることが目的になっているケースが多いと思う。もちろん、すべての人がそうではないと思いますけど。でも、あらゆるものがコミュニケーションの場に押し流されていって、逆に一人で誰とも共有せずに本を読むという体験がしにくくなっているとは思いますね。

糸谷　「哲学カフェ」はコミュニティにはなっているんですか？

戸谷　千葉でやっていたときはコミュニティになりかけたんだけど、最近は少しやり方を変えて、進行役が毎回、別の人間になるようにしています。そうすることで、自然とコミュニティが解体していくという。

糸谷　コミュニティになるのは嫌？

戸谷　嫌ではないけど、コミュニティになると新しい人が入りにくくなるでしょう。常連の人が幅をきかせて、勝手に仕切り出すみたいなことも起こりうるし。ただ、大学のゼミみたいに、おたがいの手の内を知り尽くしているからこそ、いい意味で攻撃的になれるという側面もありますからね。それにしても糸谷さん、僕の発表のとき、ちょっとひどくなかった？

糸谷　恨まれているなあ（笑）。

戸谷　お前のやってきたことは無意味だ、なぜなら……みたいな感じだったじゃん。

糸谷　たぶん私が、単純に倫理学が嫌いなんですよ。

戸谷　人間は弱い者に手を差し伸べるべきだ、みたいなのが？

糸谷　いや、差し伸べるべきっていうのはいいんだけど、差し伸べようと思っているはずだ、みたいなのが嫌いなんです。人間全体がもともとそんな崇高な倫理観を持ち合わせている、という考え方が苦手で。たとえばエマニュエル・レヴィナスは、他者の「顔」を目の前にしたとき、私たちはその他者性に直面し、その他者を殺せなくなる、と言っています。「顔」は殺人の禁止を要請すると。まぁ、そういう考え方もわからなくはないけど、みんながそう思うはずだ、だからそう思わない奴は間違っているんだ、みたいな考え方には追従できませんね。

戸谷　糸谷さん、嫌いそうだわ（笑）。ということは、人間は弱い者を見たら手を差し伸べずにはいられない、みたいなのも嫌なんだね。糸谷さん、たぶんヨナスも嫌いじゃない？

糸谷　哲学者個人に好悪はないですよ。

戸谷　本当かなあ（笑）。

ここまでコミュニティの話をしてきたわけだけど、ずいぶん話が広がったね。最初は糸谷さんが研究していたハイデガー、そして僕が研究していたヨナスの話から始まって、両者をつなぐナチス・ドイツの問題、そして、ナチスと現代の日本社会を共鳴させている、ポピュリズムや価値多元主義の話をしてきた。

ここでも、僕と糸谷さんはけっこう違うんだな、と思った。糸谷さんはあくまでも人権主義を貫いている。一方、僕は政治哲学的な問題に関しては、自分自身に対してアイロニカルであることが大事だから。とはいえ、これだけ考え方の違う僕たちが、まぁこうやってなんだかんだ楽しく議論できているのは、けっこう珍しいことなのかもしれないね（笑）。

4章 僕らの幸福とは

僕らの世代の価値観とは

戸谷　ここからは「世代論」について、特に僕たちの世代にとっての幸福について話してみたいと思うんです。

糸谷　私も戸谷さんも今年（二〇一八年）三〇歳で、昭和から平成へと移り変わる年に生まれました。いわゆる「ゆとり世代」で、上の昭和世代とも、下の平成世代とも区別されることが多いですね。よく言われるのが、「空気を読まない」「上司の言うことを聞かない」「個人主義者」。それと、インターネットが子どものころから普及している最初の世代とも言われています。

戸谷　僕らが生まれた次の年、つまり平成が誕生した年は、世界史的に見ると、社会主義国家が崩壊していった時代と重なります。それまで数十年間、資本主義と社会主義による覇権争いが続いてきましたが、ソ連、東ドイツは崩壊、中国も急速に資本主義化していきました。資本主義が世界の秩序をつくり上げていくようになった、そのタイミングで僕らの世代は生まれてきたわけです。

一方、日本史的に見ると、いわゆるバブルが弾けた時期と重なります。だから日本が成長していた時期の物語は、ほとんど共有していない。むしろ、これからどんどん経済が停滞していくと聞かされて育った世代です。

つまり、資本主義とは異なる世界の秩序、もう少し抽象的に言えば、自分に見えている世界とは違う世界のあり方を想像できない世代でもあり、この社会が進歩していくことも期待できない世代でもあるんです。いま見えている世界がずっとダラダラ続いていって、どこまで行っても同じ風景が広がっているような。

糸谷 それが私たち世代に共通する価値観ですね。

戸谷 先ほど糸谷さんが指摘した、子どものころからインターネットが普及しているというのが決定的で、日本にいながらにして海外の状況を見ることができるようになったし、逆に海外に行っても日本とつながることができるようになってしまった。僕は二〇一四年にドイツに留学したんだけど、ドイツにいても日本の状況は余裕でわかるし、日本の友人ともLINEやSNSで連絡をとり合っていました。いわゆるグローバル化も、九〇年代前半の社会主義国家の消滅によって急速に進展していって、日本もドイツも売っているものはだいたい同じでしたね。本当に外国に来ているのかなという気分でしたよ。

そんな何も変化のない社会で、いかに自分の人生の個性、独自性を見つけていくか。そのあたりで苦しんでいる人が多いように感じられます。

糸谷　人生の個性、独自性があった時代なんてあるんですかね。いつの時代もそうだったように思えるんだけど。

戸谷　ほかの時代と比べて明らかに違うのは、僕らの世代ってやはり競争がないんですよ。競争によって自分の立ち位置を確信する教育を受けていない。僕らが受けてきた教育の基本的な理念は「生きる力」でした。一方、上の世代が受けてきた教育はいわゆる「詰め込み教育」で、先ほどの議論と引きつけるなら、勝負の論理の教育と言えます。勝ち組と負け組を構造的につくる教育ですね。その戦いに敗れ、落ちこぼれてしまった生徒が不良になり、不良が教師を暴行するようになって、さすがにこれはまずいとなった。

糸谷　そうしてゆとり教育が始まった。

戸谷　競争をあおるのではなく、一人ひとりの個性やコミュニケーション能力を高める方向へ教育のリソースを割いていったんです。結果としてゆとり世代は、「みんなと仲良くしないといけない、でも個性的でいなければいけない」みたいなジレンマに陥るようになった。コミュニケーションを重視して、空気を読んで生きていくスキルを身につける一方で、ありのままの自分、個性的な自分を見つけなければいけないという強迫観念に駆られている。このことが若者にひずみを与えているように思います。

「ゆとり世代」は本当に幸せなのか

糸谷 たとえば高校生のころ、戸谷さんのまわりはどうでしたか。

戸谷 みんな自分のキャラに非常に自覚的でしたね。設定されたキャラを演じていた。自分がどんなキャラなのかを、つねに問い返されているようなコミュニケーションをしていた気がする。

糸谷 戸谷さんはどんなキャラだったんですか。

戸谷 僕は自分のキャラがわからなかったんですよ。そういう人には、そういう人なりの苦しみがあるんだけど……。いずれにしても、キャラというのは他者との関係性の中で決まるわけですよね。だから自分のキャラを維持するためには、まわりとの関係も大切にしないといけない。集団関係を維持するために自分の本心を隠したり、本当はやりたくないことをやったりするのも、僕らの世代の特徴だと思う。

いじめ問題がクローズアップされてきたのも、九〇年代からです。もちろんいじめという現象は昔からあったけど、コミュニケーション能力と、個性化教育の偏重によってもたらされた同調圧力のガス抜きのために、特定の子どもがいじめられるという現象が起こり始めたんです。その意味では、いじめ問題も僕らの世代特有の問題なのかなと思います。糸谷さんは、自分のキャラに思い悩んだことはあるんですか。

糸谷 ないですね。

戸谷 でも糸谷さん、一部で「怪物」って言われているじゃないですか（笑）。「怪物」と言われ続けることで、「怪物」を演じてしまうことはありますか。

糸谷 いや、ないですね。もともと異端児なんで。

戸谷 ナチュラル・ボーンなんだね。

糸谷 逆に戸谷さんは、キャラを演じているところはあるんですか。哲学者の中では非常に世俗的なキャラというか。

戸谷 それ嫌だなあ（笑）。ハイデガー研究者に「世俗的なキャラ」とか言われると。まあ、それを求められているところもあるので、ある程度、寄せているところはあるかもしれないですね。

けれども、これは先ほどの勝負論と関わってくるんですが、一般的にゆとり世代って争いごとが嫌いで、みんなで仲良くしている軟弱者って言われるじゃないですか。しかし一方で、ＡＫＢ48の選抜総選挙なんかが好きなわけですよ。だから、必ずしも競争が嫌いなわけではなくて、むしろ戦いに憧れている世代なのかなとも思います。

糸谷　それはあるかもしれませんね。

戸谷　ところで社会学者の古市憲寿《ふるいちのりとし》氏が、『絶望の国の幸福な若者たち』（講談社刊）という本を出していますよね。その中で言っているのは、「世界は変わらない、かつ成長もしないからこそ、いまより幸福な世界を想像することもできない。だからこそいまがいちばん幸福で、若者はいまみたいな状況でも幸せなんだ」という話でした。

糸谷　本当に幸せなんですかね。自分が幸せじゃないと言えるかは微妙、くらいの感じだと思うんですけど。不満はあるけど、とりあえずこの状態でいいやみたいな。

戸谷　糸谷さんの同級生とかを見ていて、みんな幸せそうですか。

糸谷　生きてはいますね。

戸谷　われわれにとって不幸なことがあるとすれば、ひとつは社会が複雑化しすぎて、何が起こっているのかわからなくなっていることがあると思うんです。たとえば、二〇〇八年に起こったリーマン・ショック。ちょうど僕らの世代が就職活動をしている時期に起きたできごとです。でも、リーマン・ショックの歴史的な原因と推移を説明できる人って、ほとんどいないと思うんですよ。僕も興味を持って調べたことがあるんですけど、結局よくわからなかった。そんなよくわからないシステムによって、僕らの生活が脅かされるわけです。ある種の学習性無力感というか、理解できないものによって自分のライフスタイルが影響を受けてしまうことにとても慣れてしまっている。

糸谷 無力感はありますね。世界を変えることが非常に難しいから、個人主義に走るという傾向もあると思います。

戸谷 世界を変えられないうえに、世界を理解することもできないわけですよ。その不安が、いまの世代の価値観の根底にある気がしています。

大きな物語を失った世代

糸谷 私たちの世代は、大きな物語をまったく信用していないと思うんです。たとえば宗教、国家、君主制、家族、そして家族的会社。こうしたものをほとんど捨てている。しかし一方で、大きな物語を捨てたばかりに、ある種の小さな物語にしがみつこうとする人は多い気がするんです。人間はどうしても物語を見つけようとしますからね。宗教を物語にした人は新興宗教にしがみつくし、国家を物語にした人はネトウヨになる。いろんな人がいます。

戸谷　僕らが高校生のころ、「セカイ系」って流行ったよね。アニメ『新世紀エヴァンゲリオン』から始まり、『涼宮ハルヒの憂鬱』へと続く一連の作品群。いまも「セカイ系」ってあるんですかね。

糸谷　『ソードアート・オンライン』とか？

戸谷　いや、あれはむしろ戦いを求め始めている現代に近いと思う。『新世紀エヴァンゲリオン』や『涼宮ハルヒの憂鬱』は、よく言われる「セカイ系」の説明を借りれば、〈僕〉と〈君〉の二者関係が、そのまま世界の存亡に翻訳されてしまう話です。〈僕〉と〈君〉が愛し合うことで世界が救われるみたいな。つまり、先ほどの糸谷さんの話で言うと、共同体の次元がないんですよ。本来、〈僕〉と〈君〉を包摂しているはずの国家や、宗教や、家族がなくて、まるで世界の中に〈僕〉と〈君〉しかいないような設定になっている。

糸谷　まさに大きな物語を失っているわけですね。

戸谷　二〇一六年、待機児童問題で苦しんでいるお母さんが、「保育園落ちた日本死ね」とブログに書いて話題になったのを覚えていますか。あれも本来なら、待機児童問題を解決しようとしない地域や、子どもの面倒を見てくれない家族に、怒りの矛先が向かうと思うんです。ところが「日本」という国家そのものに矛先が向かっていて、個人と国家の間にあったはずの中間的な共同体がなくなっていることを象徴していました。

糸谷　私たちの世代は中間的な共同体を嫌っているか、嫌ってはいなくても属さない人が多いですよね。

戸谷　その中で糸谷さんは、オールドスタイルと言っては変だけど、将棋界という昔ながらの徒弟制度の世界にいるわけじゃないですか。

糸谷　とはいえ、前の世代とはだいぶ違っていますよ。私たちの世代は、師匠はいるけれども、かなり自由にさせてもらっています。内弟子みたいな徒弟制度がきっちりあった世代は一〇年前ですね。昔は師匠の家に住んで、疑似家族関係をつくっていたけれども、いまは通いですから。

戸谷　疑似家族関係でなくなってしまったことを、糸谷さんはどう思いますか。

糸谷　私はなくなってよかったと思います。共同生活は、権力関係が固定化されてしまうので。

スポーツの世界もそうですよね。いろんなところから選手を集めて、寮生活をさせる。そのほうが勝負には勝ちやすいけど、パワーハラスメントとか、いろんな歪みが生じてきます。

戸谷　糸谷さんとしては、いまの若者たちがそれ以外を想像できない、かつ理解することもできない世界にとらわれている状態だったとしても、その世界に居場所を与えるような疑似家族関係はつくらないほうがいい？

糸谷　私は否定しますけど、それが好きな人は別にいいんじゃないですか。つまり、強制されるのが問題なんですよ。強制ではない状態とはどういうことかというと、いつでも、どちらからでも関係を解除できる状態です。それさえ担保されていれば、疑似家族関係をつくりたい人はつくればいいいと思います。

「党派性」が強まっている

戸谷　〈自〉と〈他〉を人為的に区別するような集団は、いろいろありますよね。たとえばオウム真理教もそう。オウムと一緒にすると語弊があるけど、先ほどからの話で言えば、右と左の極端な陣営の人たちもそうです。

糸谷　左もそうですよね。

戸谷　もちろん。そう言うことで、僕自身がネトウヨみたいに思われると嫌なんだけど……。

糸谷　もっと批判しましょうよ。「いまの左はここがダメだ」くらい言って大丈夫です。私は、右と左は同じ宿痾《しゅくあ》にとらわれていると思う。

戸谷　僕の考えを言うと、リベラルとリベラルでないものを区別する考え方自体がリベラルじゃないんですよ。

糸谷　たぶん党派に属したいんじゃないですか。

戸谷　僕も党派だと思う。最近の欅坂《けやきざか》46の隆盛も、それに支えられていると思っていて。たとえば「サイレントマジョリティー」や「不協和音」といった楽曲からは、外部に存在する敵に対して団結して対抗する、みたいな、非常に強力な党派性を感じます。僕の言っていることわかります？(笑)

糸谷　ちょっとわかりますよ。党派性っていうのは私は非常に嫌いでして。

戸谷　嫌いそうだよね。

糸谷　叩きたいから叩くという状態になってしまっている。逆に、自分たちの陣営に属している人の言うことだったら、ちょっとおかしいところがあっても支持するみたいな。これでは自由に話すことなんてできないですよ。間違いは間違いで、正しいものは正しい。これが原則なはず。しかしそれだと承認が得られないので、人は党派に属したくなるんだと思うけど。

戸谷 たしかに党派の問題は、承認の問題と密接に関わっているね。

糸谷 日々、鬱々としている中で、生きがいを求めたいんでしょう。ちょっと過激な発言をすると、ツイッターだったらリツイートされたり、フェイスブックだったらいいねがついたりする。すると自分が、その集団の一員として認められたような気になる。それがうれしいんでしょう。もちろん、戸谷さんはそれに対してダメだって言うと思うんだけど。

戸谷 まあ、「いいね」されるとうれしいけどね（笑）。

糸谷 なんらかの集団の中に自分を位置づけたいという欲望は、多くの人にある気がしますね。少し話をずらすと、不正やセクハラなどを内部告発すると、告発した人が叩かれる傾向が世の中にはあります。内部告発者というものを非常に嫌っている。組織という党派に属している人たちは、組織を傷つける人間を許せないわけです。なぜならそれは、自分が傷つけられたのと一緒だから。

けれども、その組織がやっていることは、社会に害をなすことなわけです。告発者を嫌う人は党派に包摂されているつもりなんだろうけど、党派もまた社会に包摂されているわけだから、社会に害をなすことをしている党派を守ることは、自分を傷つけていることと一緒なんですよ。先ほども言ったように、共同体を破壊した結果、大きな物語がなくなってしまったので、そうした党派性に付きしたがわざるをえなくなっているんじゃないかと思う。

「戦い方」を学べ

戸谷　僕が糸谷さんにぶつけてみたかった結論があるんです。それは、若者はもっと「戦い方」を学んだほうがいいということ。糸谷さんが言ったように、論争という戦いの目的は、議論を深め、おたがいを高めることですよね。将棋という戦いでも、美しい棋譜を残すことを目的に戦っている棋士がいるように、ただ勝てばいいというわけではないと思うんです。

いまの社会は、〈自〉と〈他〉を区別する党派性が強くなっていて、おたがいを否定し合う言説が非常に目立っている。そんな状況において、戦いながらも相手をリスペクトしたり、理解しようとしたりする振る舞い方を学ぶべきだと思うんです。あるいは、そういう振る舞い方ができる余裕を持つこと。それがいまの若者の幸福にとって必要だと思います。

糸谷 たしかにそれはあると思いますね。

戸谷 しかし現実は、多くの人が勝ち負けにこだわっている。

糸谷 論争に関して言えば、本来は勝敗や優劣を決めるものではないんですよ。おたがい協働して、よりよい結論にみちびくことが目的なのであって、そこを間違えると泥沼になります。

戸谷 テレビなどで言論人が論争しているのをたまに見かけるけど、おたがいの話をほとんど聞いていないように見えるんです。あるいは意図的に、相手を理解することをやめている。インパクトを残したほうが勝ちというゲームになってしまっていて、本当に不毛だなと思います。同じことは「哲学カフェ」でもしばしば起きます。

糸谷 すぐに「お前の言うことは間違っている」とマウンティングしようとする。論争の目的がなんなのかを、もっとよく考えたほうがいいですね。おたがいがおたがいの状況を認識したり、こういう考え方にもとづいて話しているということをわかり合ったり、高め合ったりするためであって、おたがいに打ち負かそうとするためではないでしょう。

戸谷　右と左の論争もそうです。相手を黙らせる、貶めることだけに議論が終始してしまっている。簡単に言えば、おたがいをヘイトしているわけですよね。

ハーバーマスは、「戦略的行為」と「コミュニケーション的行為」を区別しています。いまの議論に強引に当てはめるなら、前者は勝ち負けを決めること、後者はおたがいがわかり合うことです。論争というのは、本来は後者のコミュニケーション的行為であるべきなんですね。ところが最近は、明らかに戦略的行為になってしまっている。右の人たちは言うまでもないですが、左の人たちも「この政治家の顔つきは気持ち悪い」みたいなことを言っているでしょう。相手とわかり合おうとする努力をしなくなっている。本当によくない状況だと思いますね。

糸谷　そこには強く同意します。

戸谷　だから糸谷さんのように、一回一回の勝負で動じずに、その先に勝負を意味づける人生の目標を持つ——最初のほうの議論の言い方だと、「戦略」的な目標を持って、仮に「戦術」的には負けても気にしない。そういう戦い方の流儀が必要なんじゃないかな、って思うんです。

僕は先ほど、「リベラルとリベラルでないものを区別する考え方自体がリベラルじゃない」と言いました。リベラルとリベラルでないものが対立したときに、その対立を「殺し合い」にせず、対立自体をひとつの関係性にしていく技術を、みんな身につけたほうがいいと思うんです。「みんな仲良く」が不可能なことは自明です。だからこそ、これが唯一、現実的な道だと思っています。

ジェンダーと結婚

戸谷　糸谷さんは、結婚って自由に選べると思う？　結婚は自由に選択できるものなのか、それともある種の偶然性によって決定されていると考えたほうが幸福なのか。どちらだと思いますか。

糸谷　そもそも、結婚するかしないかを選んでいるんじゃないですか。この「生涯未婚時代」にあって、結婚しないという選択肢はつねにありますから。私たちの世代って、ジェンダーが希薄になってきていますよね。男ならこうすべき、女ならこうすべきみたいな旧時代の形骸化した考え方は、どんどん消えてきていると思う。

戸谷　ドラマ『逃げるは恥だが役に立つ』（ＴＢＳ）は、まさにそうした価値観が一般大衆からも支持されるようになってきた証しだと思います。しかし、男女の性役割は相対化されてきているけど、結婚したいっていう願望自体はどうなんでしょうね。女子大学生の間では、バリバリ働くのではなく、早く結婚して専業主婦になりたいという人も多いというじゃないですか。なぜ「生涯未婚時代」と両立するのか、それが謎なんだけど。ちなみに将棋の世界は、ジェンダーの問題は大丈夫ですか（笑）。

糸谷　将棋の世界におけるアファーマティブ・アクション（積極的差別是正措置）のひとつとして、女流棋士という制度があるんですけど、それが本当にアファーマティブになっているかというのは議論が分かれるところですね。男性ではプロになれないレベルの実力でも、女流棋士として認定されてしまう。早いうちから女性への普及の役に立ってもらえるという利点があり、将棋の普及には、現状、非常に有益な制度だと思うんです。でも、どうしても女流棋士に若いうちから普及の仕事を多く振るので、同程度の実力を持つ男性よりも負担が大きくなり、そのぶん将棋にかける時間はおそらく減ってしまうわけです。男女が同じような実力を身につけるという目的では、アファーマティブ・アクションとして正しいのかはわからない。

戸谷　将棋って、性別によって実力に差が出るものなんですか。

糸谷　いや、それほどないと思いますよ。

戸谷　じゃあ、本来は一緒にしてしまっても問題ない？

糸谷　問題は人口なんですよね。将棋は男の遊びだという偏見がやはりあって、結果、男性と女性のプレイヤー比が偏るわけです。プレイヤー比が偏りすぎると、当然、実力にも差がついてしまうんですよ。男女の脳に差があるとか、そうした言説をとりたい人もいるようですが、私は個人差のほうが圧倒的に大きいと思いますね。哲学はどうですか？

戸谷　哲学も将棋と同じで、最初の人口が違うんですよね。

糸谷　あと、どちらの業界にもいると思うんですけど、女性に対して男性と違うことを強く要求したり、男女で扱いを分ける人がいる。

戸谷　どこの業界にもいますね。あと、哲学の場合、結婚したときに姓が変わると、論文のオーサーシップ（著者名）が変わってしまうので、それが少しやっかいですね。だから結婚した段階で研究をやめてしまう女性もいるし。

糸谷　もっと問題なのは、結婚した女性を居づらくさせるような雰囲気じゃないですか。

戸谷　それもあるね。

なぜ有給休暇はとりにくいのか

戸谷　僕、昔から疑問なんだけど、ツイッターとかで「会社がブラックすぎて有給休暇を申請できない」みたいな言説があるじゃないですか。有給休暇を申請するとまわりから白い眼で見られるというのは現実としてあるらしいけど、権利なんだからとればいいじゃないって思うんです。

糸谷　社内での居心地が悪くなるからでしょう。

戸谷　それって本人の気持ちしだいじゃないかな。

糸谷　白い眼で見るなって主張することは大事だと思う。当然の権利を行使する際に、それをやめさせようとするのは圧力でしょう。

戸谷　権利というのは、それを行使したときに相手を不快にすることがあっても認められるから権利なんだと思うわけ。権利を行使して、結果、白い眼で見られてもいいと思うんですよ。もちろん、有給休暇を申請できない人を責めるのは心苦しいので、どういうアプローチをしたら、そのまったく不毛な空気の読み合いをやめさせられるのかを考えたいんですけど。

糸谷 強制的にとらせる（笑）。

戸谷 それ、糸谷さんの思想的に大丈夫？ それって最終手段だよね。有給休暇を強制的にとらせる制度を採用しているということは、人々が空気を読みすぎるせいで有給休暇をとれないことが蔓延していて、かつそれが当然だということを承認しているわけじゃないですか。僕は、権利を主張して白い眼で見られても、別にかまわないと思える状態をつくり上げていくべきだと思っているんです。

糸谷 そもそも、なぜ他人が有給休暇をとるのが嫌なんですかね。

戸谷 共同体だからですよ。みんな中間共同体をつくろうとしているから。

糸谷 やっぱり共同体をぶっ壊すしかないんじゃないですか。

戸谷 そうすると「セカイ系」になっちゃうから――っていう地獄ですよ、これは。

糸谷 「セカイ系」は地獄なのかな。まあ、どの共同体にも属していない人が幸せだとは、なかなか言えないかもしれないですね。だとすれば、他者の権利行使に対して、みんなが優しくなるしかないと思います。あるいは内心イラッとしても、顔に出すなという教育をする。

戸谷 優しくなる必要ってあるのかな。どう見られようが、自分を貫けばいいと思うんだけど。

糸谷　共同体が少なくなったぶん、共同体から外れようとする者に対しての批判が強くなっているとは思うんです。かつては外れ者も含めた共同体だったと思うんだけど、いまはもうそんな余裕はない。

戸谷　それはありますね。白い眼で見られると仕事ができなくなるというよりは、自分が所属している共同体から外されてしまうんじゃないかという、ある種、現実の利害を超えた実存的な不安なのかなって思うんだよね。

他者と議論する能力が摩滅している

戸谷　僕は最近まで大阪大学の「医の倫理と公共政策学教室」という生命倫理に関する研究室に在籍していたんですが、生命倫理の世界では、ガバナンス（統治）がすごく重要だって言われているんです。違った言葉で言えば、アーキテクチャ（構造）みたいな。

世間にはいろんな思想信条を持った人がいるけど、その人たちがみんなで集まって、合理的に議論してひとつの方針を決めていくのが理想ですよね。でも、そんなことはできないわけ。みんな暇じゃないし、議論をするスキルもない。合意形成って難しいんですよ。

だから、一人ひとりが自分の頭で考えなくても、自分が行動したいように行動しているだけで、自然に問題が解決するような構造をつくっていく。それがガバナンスであり、アーキテクチャなんですね。

これって嫌な言い方をすると、人間を動物扱いしているとみることでもあります。人間は自由な思考をしなくていいし、討議もしなくていい。自分の良心を反省する必要もない。ただ、自分のしたいことをしていればいい。それに対して、ガバナンスやアーキテクチャを設計する頭のいい人たちがいて、大衆がどう行動しようとも大丈夫なように社会を設計する。簡単に言うと、そういう思想だったりするんです。糸谷さん、すごく嫌な顔しているね（笑）。

糸谷　いまの話に対しては、嫌な顔をするべきなんじゃないですか。

戸谷　ここまで言われたらね。でも、こういう説明自体がなされないわけですよ。僕が思うに、少なくとも現在において、社会問題などを考えるときに支持されるのは、こういう方法なんです。対話して合意に至るのではなく、大衆が自由に行動しても、自然に問題が解決するしくみをいかにつくるか。

糸谷　まあ、社会の枠組みをつくる側としてはそうなんでしょうね。

戸谷　具体的には、トマ・ピケティみたいな経済学者や社会学者がそうですよね。社会の構造を変えることで、現実の問題を解決する。それが思想だと思われている。現に書店の哲学コーナーに彼の本が並べられ、しかもベストセラーになっている。

このことを平成史と関連づけていくと、オウム真理教が出てきたときに、ある種の宗教学者がオウム真理教を支持していた現実があります。しかしオウムが事件を起こすと、彼らは沈黙してしまった。その代わりに出てくるのが、大澤真幸《おおさわまさち》氏、宮台真司《みやだいしんじ》氏のような社会学者です。以降、現代思想として世に出てくるものは、東浩紀《あずまひろき》氏は例外だとしても――まあ、彼も最初はアーキテクチャの思想を主張していたので似たところはあるんだけど、あくまでも社会設計を重視していこうとする思想になっている。このことが、他者と議論する能力をどんどん摩滅させていったんだと思うの。

「運命の出会い」を信じるか

戸谷　僕は対話の可能性に期待している一方で、対話を突き詰めていくと崩壊する関係もあると思っています。たとえば、完全に政治的信条が対立しているのに、親や配偶者とガチンコで話し合って、おたがいをわかり合おうとしても無理じゃないですか。家族関係においては違った考え方が必要なのかなと思うんです。たとえば「運命」とか。

糸谷 親は運命かもしれないけど、配偶者は自分が選んだ相手じゃないですか。

戸谷 本当に自分で選択しているのかな。糸谷さんは、この人以外ありえないって思ったことはありませんか。選択できるということは、選択しないこともできるんですよ。つまり、結婚相手を選ぶ行為が選択にもとづいているのだとしたら、その人を選択しないこともできたはず。

ところがある種の恋愛観においては、生まれる前から愛する相手は決まっていて、初めからその人と結ばれることになっているみたいな考え方もあるわけです。「この人しかありえない」みたいな。結婚がそういうものだとすれば、そもそも選択できないものかもしれない。

糸谷 それは神話じゃないですか。

戸谷 いや、わからないですよ。

糸谷 どうしてそう思うんですか。結婚しないという選択は、十分にありえると思うんですけど。いまの配偶者の方と結婚したときに、そう思った？(笑)

戸谷　まあ、それはプライベートだからノーコメントだけど（笑）、先ほどの勝負論の話で、自分が恣意的に基準を決定できると、客観性がないから不確かだっていう話をしましたよね。その話とも関わっているんだけど、自分で選択できるということは、自分の思いひとつで選択を変えることができてしまうということだから、不確かなんですよ。だからこそ、人を愛することはそもそも自分では選べないんだっていう考え方はありうると思うわけ。自分で選べないからこそ確かだし、意味があるんだっていう。

糸谷　そう考えたほうが、人生に意味が生まれるということですか。

戸谷　そういうことですね。たとえばＲＡＤＷＩＭＰＳは、映画『君の名は。』の主題歌になった「前前前世」という曲で、「僕が生まれてくる前から君を探していたんだ」ということを歌っています。全宇宙が〈僕〉と〈君〉との出会いに向かって進行してきたという解釈をするんです。もちろん神話ですよ。だけど、そうとしか言えないような感覚を、実際に〈僕〉は抱いている。人は愛する相手を選択できない、最初から決まっているって。この歌は若い世代に非常に支持されていますよね。ということは、この感覚には普遍性があると思うんです。糸谷さん、本当に感じたことないの？（笑）

糸谷　私はないですけどね。でも、人間には神を感じる器官があるという考え方があるじゃないですか。それは社会が神を信仰するように誘導しているからなんだけど、同様に運命論が社会にはびこっていると、運命を感じる器官みたいなものが生まれるのかもしれないですね。

戸谷　RADWIMPSを聴いて教育されるみたいな。

糸谷　そう。運命の出会いみたいな概念が世の中にはびこっているがゆえに、自分も運命の出会いをしている気になってしまう。少なくとも二〇〇年前の人は、そんなこと絶対考えていないと思いますよ。

戸谷　それは間違いなくそうだね。一方で、世代論と引きつけて語るなら、テレビ番組『テラスハウス』のように、恋愛がある種のゲームのようになっている傾向があります。恋愛がゲーム化するということは、恋愛が交換可能になるということでもあります。あるルールのもとに戦術を組み立てて、それをA子ちゃんに使い、B子ちゃんにも使う。すると、自分とA子ちゃんの関係性は、たまたま今回A子ちゃんだっただけで、B子ちゃんでもC子ちゃんでもありうるということになる。このことが愛の意味を非常に不確かにしていると思うんです。

それに対して、恋愛を〈僕〉と〈君〉以外のところから基礎づけようとしているのが

RADWIMPSなわけ。米津玄師《よねづけんし》も同様で、たとえば「vivi」という曲では、相手のことを愛している気持ちは、そもそも言葉ではうまく伝えられない、というメッセージが語られています。ただ自分が話し下手だ、ということではなくて、愛は言語を拒絶するというレベルの、非常に強い主張です。

中間共同体がなくなり、あらゆるものが複雑化し、理解不能なものになって、恋愛さえもがゲームになっていったときに、人はみずから非合理的なもの、自分では選択できないものをつくり出してしまうんだと思う。その意味で結婚というのは、みずから虚構をつくり出しているのかもしれない。神話を人為的につくり出すというか。

糸谷 だからこそ私は、機能的な家族をつくりたいですけどね。

戸谷 本当に?

糸谷 別に運命とかどうでもいいですよ。

戸谷 と言いつつ、出会っちゃうんだよ、ある日(笑)。

「神話」とどう付き合うか

糸谷　世代論的には、いまの時代は恋愛が特権的な地位ではなくなったとよく言われますよね。少し前の世代はそこに神話を置きたがっていたけど、いまはもうなんにも置くことができなくなってきた。そこにはある種の喪失感があり、他方では人間を現実主義にする薬でもあるような気がします。

戸谷　九〇年代のテレビドラマや、ポップスの歌詞と比べると、いまは明らかに違いますね。ゲームどころか「恋愛工学」が流行っているくらいですから。

糸谷　「恋愛工学」は水素水みたいなものですよ。あるいはＥＭ菌とか。存在自体は否定しないけど、効果は知らないよっていう。まあ、「イワシの頭も信心から」というのはありますからね。

戸谷　糸谷さんとしては、恋愛は徹底的に合理的にやっていくべきという考えですか。やはり運命なんてない？

糸谷　「運命の出会いだ」と言っていたカップルが、どれだけ別れてきたことか（笑）。ようするに、運命の出会いだと思い込むことで、自分の人生のドラマ性を上げているんですよ。自分を何かの物語の中に置きたがる人が多いなと感じます。

戸谷 まったくその通りで、相手を運命の人だと思うことは、逆に自分の人生を意味づける神話をつくることだと思うんですよ。

糸谷 生きる意味を恋人に見出したいみたいな、そういうのもありますよね。

戸谷 僕と糸谷さんの言っていることって対立はしていないんですよ。でも、僕はそういうものがあっても仕方ないという立場、糸谷さんは積極的に廃絶していくべきという立場。

糸谷 そこまでは言わないですよ。運命の出会いだと浮かれている人に、「別れたらどうするの?」って冷水《ひやみず》を浴びせるくらい(笑)。何度も言うようですが、自分の信条は大切です。他者の権利を侵害しない限り、信念は自由です。

戸谷 少し恋愛から話をそらしていくと、二〇一九年に、元号が変わるじゃないですか。元号というのは明治以降、天皇の即位と退位によって定義されている、非常に神話的かつ宗教的な概念なわけです。元号を使わなければいけない論理的必然性はないんですね。しかし西暦は西暦で、イエス・キリストの誕生を起源とする概念です。こちらもまた神話的かつ宗教的な概念ですよね。西暦を使わなければいけない論理的必然性も、やはりない。

じゃあ神話的でも宗教的でもない、合理的にわれわれの世界を秩序づける概念があるかといえば、何もないと思うんですよ。となれば、自分の生きている世界を現実的なものとして理解するために、どこかで神話が必要になってくると思うんです。その意味において、神話の存在は否定できないんじゃないかな。

糸谷　でも、その神話ってすでに解体されていませんか。二〇一八年というときに、いちいちイエス・キリスト生誕二〇一八年って思う人はいませんよね。

戸谷　西暦はそうかもしれない。でも、元号はまだ解体されていないんじゃないかな。いずれにしても、人間は神話を必要とするがゆえに、異なる神話の持ち主と出会うと、対立関係に陥ることがあります。といって、神話から完全に自由になることもできない。そのときに、みんな違う神話を生きていても問題が生じないアーキテクチャをどうつくっていくかが現代のトレンドになってくるわけ。ところが、それがかえって異なる神話を持つ者への振る舞い方を未熟にもしていくと僕は思っていて、ネトウヨとリベラルの不毛な対立にもそれが現れていると思うんですよね。

糸谷　世界的に見ても、違う神話を持っている人への迫害や、あるいは違う神話を持っている人同士の戦いが始まっていますよね。そのもっとも代表的な例は、九・一一に端を発するキリスト教とイスラム過激派との対立かもしれませんが。

戸谷　先ほどの勝負論の話で、僕が気になったのはそこなんです。糸谷さんは自分で長期的な戦略を設定して、それにもとづいて個別のできごとの意味を判断していけばいいんだという考え方をしていて、実際、そうあるべきだと思うんです。ところが一方で、自分では選択できない価値基準、つまり神話ということですけど、それを人は求めるものなんじゃないかとも思うんです。

でありながら、神話の中で生きることの息苦しさや、神話によって抑圧されてしまうこともあって、どうしたらよいのかは難しい問題ですね。運命の人だと信じてしまったがゆえに、ＤＶ（ドメスティック・バイオレンス）に苦しみ続ける人だっているわけです。その中には、ＤＶから解放されるのと引き換えに神話を喪失するなら、ＤＶを受け続けたほうがいいと判断する人だっていると思うんです。

糸谷　だから神話は人を生かすためには必要なのかもしれませんが、それでも罪深いと思うんですよ。私自身としては、その神話の害のほうが大きくなりそうなら、いつでも捨てられるようにしておかないといけないと思っています。

「神話」と幸福

戸谷　いま神話が急速に崩壊しているので、現代の問題のように思えるけど、実際にはすごく普遍的な問題だと思っていて。

糸谷　昔から言われていることですよね。いまの社会で問題なのは、神話を維持しようとする人たちが、同じ神話を持たない人を迫害しようとしていることです。難しいのは、迫害が起こるくらいなら神話をぶち壊してしまえと考えるか、それとも神話は社会の安定に役立つからあったほうがいいと考えるか。このへんは、目的がなんなのかによると思います。人々が平等に暮らすことが目的なのか、それとも、人々がより豊かな暮らしをすることが目的なのか。それだけでも違ってくると思います。

戸谷　個人の幸福にとって、どんな意味があるかという視点で考えてみたいですね。

糸谷　最近では、人権も神話だみたいなことを言う人もいますよね。私としては、あえてそれを信じたほうが社会にとってよりいいんだと言っていくしかないと思うんです。私たちは独裁政治を乗り越えたはずなんですよ。独裁のほうが経済を発展させるにはいいという見方もあると思うけど、それがまずいということは、歴史的にある程度、証明されていますからね。

戸谷 よくわかるけど、「あえて」とか「かのように」といった振る舞いができるのは、やはり教養のある人だけなんですよ。ましてや、自分が信じていない神話にも理解を示すことができる素養を持っている人となると、それほど多くないと思います。自分が信じている神話のことしか知らない、あるいはそのほかの神話を理解しようとしない、即自的に神話と一体化してしまっている人のほうが多いと思う。

糸谷 神話というのは、相対的なものではないからこそ神話なんだという側面がある。宗教対立も、それが根っこにあると思いますね。自分がこの神話を信じているように、相手もまた何か別の神話を信じているっていうのを理解できる人ばかりだったらいいんですが、実際は「お前、それ間違っているぜ」で殴っちゃう人が多勢なわけです。

戸谷 「大きな物語」と「神話」って、違うものなのかな。

糸谷 大きな物語のほうが、いろいろ含んでいますよね。たとえば、自分にとっての国家を信じる人は、他人にとっての国家も信じることができる。これが大きな物語で、神話になると、もう少し排他的になる。神話のほうが、より人の深い部分に属している感じでしょうか。自分が生まれたときから信じている神話を相対化できるのかという問題がありますよね。もともと違う宗教を信じていた、すなわちその宗教の物語を信じていた人が、大人になってから違う宗教における信仰を、自分に上書きできるのかみたいな。先ほど戸谷さんが言った虚構ともまた違うのかな。

戸谷　虚構は、現実と虚構を区別できることを前提としていますね。だから、これが現実なんだという確信がないと、それに対して別の物事が虚構であるという判断はできない。しかし、もしも大きな物語や神話が虚構の一種で、人がつねに虚構の中で生きているという立場をとるなら、現実と虚構の区別自体ができなくなるわけです。そうすると、そもそも神話が虚構であるとも言えなくなってきますね。ある神話の中で、神話を自明視して生きている人にとっては、別の神話が虚構に見えるというのが正確な言い方だと思います。

糸谷　その人にとって現実でも、他人にとって現実かどうかは別の話ですからね。おたがいの神話を引きずり出せるといいんですが、しかし引きずり出したところで理解し合えるかどうかはわかりません。表層の議論ではなく、おたがいの底にあるものを、どうにかしてつかみ出さないといけない。何をその人が優先しているのか、どんな物語を描いて、どんな物語のもとでその意見になっているのか。それを引きずり出さなくてはいけなくて、表層でこれが正しい、あれが正しいと言っているうちは、それを白日《はくじつ》のもとにさらすことはできません。日本においては宗教的対立などは薄いですが、代わりに信奉する信念はすれ違っているということが起きているように感じます。同じ神話を信じているように見えて、実は同じ神話のもとにいないということが、議論のすれ違いを生んでいると思うんです。

自分と異なる神話に触れる

戸谷　この問題って、幸福論の観点から考えるか、倫理の観点から考えるかでとらえ方が違ってくるんです。幸福論の観点で考えるのであれば、自分が信じている神話のせいで苦しめられている人がいると思うんです。親から虐待を受けているけど、しかし同時に愛されているとも感じているために、逃れることができないみたいな。しかし、そんな人に神話を手放せとは言えないんですよ。世代の問題と引きつけていくなら、現代社会では家族から弾かれた人を包摂してくれる中間共同体はどこにもなく、理解不能かつ変わる見込みのない世界に投げ出されてしまう。結果として、虐待に苦しみ続けることになってしまうわけです。

糸谷　ブラック企業でも、ＤＶ彼氏でも、同じかもしれない。

戸谷　こうした状況に置かれている人たちは、どうすればよいのか。僕は、ひとつの突破口が「教養」だと思っています。教養という概念はもともとは、一人で生まれてきたしょぼい人間が、別の時代の作品と触れることによって、自分の人格を豊かにしていく、形成していく、という意味でした。それは、異なる作品に触れることで、異質な経験を統合し、自分のキャパシティを拡大していくようなプロセスです。ドイツ語の「ビルドゥング」(Bildung)はまさに「形成」という意味ですね。この理念に照らし合わせていくなら、自分とは異なる神話に触れて、しかもどちらかを選ぶのではなく、双方を統合していく。つまり、ひとつのより大きな神話に育んでいくことで、自分の置かれている苦しみを相対化することはできると思うんです。

具体的には、違う時代の家族関係について知る、虐待を描いた文学作品を読んでみる。そうして自分の神話を拡大し、深め、複数化していく。その中にいろんなものが入り込みうるように開いていくことはできると思うし、幸福にもつながっていくのかなと思いますね。他方、倫理の観点から考えると、話はややこしくなる。

糸谷　倫理は神話に非常に近いですからね。

戸谷　僕は人々に「殺し合い」をしてほしくない。それが思想の根底にあります。ネトウヨとリベラルのように、インターネットで罵詈雑言を言い合っているだけならかわいいものですけど、これが紛争や、内乱や、あるいは戦争になってしまうと、実際に人命が奪われることになります。そうした事態を避けるために、くり返すようですが戦い方を学んで、相手を理解しようとする関係に慣れていくことが必要だと思うんです。

ただ、「殺し合い」をしてほしくないと考えることもまた、ひとつの神話にすぎないという見方もある。価値相対主義、価値多元主義の立場から言えば、みんなで仲良くやっていこうと考えていること自体がお前の神話じゃないかと切り返されます。そうされたら、もう何も言えなくなってしまう。この切り返しに反論するのは、非常に難しいですね。

糸谷　でも、ともに生きることをしないと、どうにもならないと思う。

戸谷　それはそうだと思う。でも、ともに生きたいと思っていない人もいるでしょう。ある時期のオウムとかさ。

糸谷　オウムみたいに武力的な手段に出てくる者たちは排除されるしかない。それは仕方ないですよ。ようするに、他人の神話を許容できるようになること、自分の神話だけにこだわりすぎないことが重要なんだと思います。

戸谷　それが共同体をつくることになるかはわからないけど、いろんな価値観を持った人たちとともに共同体をつくれるようになる前提ではあると思う。たとえば「哲学カフェ」は、会場に来るまではみんな他人なんですよ。でも二時間ずっと話していると、そこにある種の一体感が生まれてくる。同じ会場で何度もやっていれば顔見知りもできて、ある種の連帯感すら生まれてくる。疑似コミュニティができるんですよ。対話や哲学がこうして人々を結びつけることもあるんだ、こういう形で共同体がつくられることもあるんだと、新鮮な体験をしました。

糸谷　「哲学カフェ」のように、いろんな人が集まる共同体の中で、「自分がなぜそう考えるのか」を考えるのは大切だと思っています。自分の中にある強固な神話を、ちょっとずつ明らかにしていくカギかなと思うので。もし、誰かの発言にイラッとしたり、許せないと感じたりしたときは、なぜ自分はそう感じたのか丁寧にアプローチしていくと、少しは幸せになれるんじゃないかなと思います。

アーレントと愛

戸谷 「哲学カフェ」の特徴は、離脱しやすいということ。家族、宗教といった共同体は離脱するのが難しいんですよね。

糸谷 そこから離脱するのは不可能だと思って、不幸に耐えている人がいるとしたら、「あなたは抜けることができる」と言いたいですね。そのためにも、ほかに入るべき共同体はいくつもあったほうがいいし、入るのも抜けるのも、できる限り自由であったほうがいい。これは強調しておきたいですね。

戸谷 その意味では、家族もだんだん離婚が当たり前になってきていますね。

糸谷 親は比較的ゆるやかになってきたけど、子どもは難しいですよ。もっとインスタントに離脱できたほうがいいと思います。せめて成人したら、自分の意思で離脱できるような制度になってほしい。

戸谷 合理的に考えるとそうですよね。

糸谷 あまり合理的に考えたくないですか？　まあ、幸福は合理ではありませんからね。私がこういうことを言っているのは、ある意味、余裕のある立場だからなんですよ。どうしようもなく不幸で、共同体から抜けると経済的にもやっていけないみたいな人はどうしようもなく存在している。そのためのセーフティネットが、もっとできるといいんですけどね。あるいは、もっとセーフティネットを利用しやすくする環境をととのえる。

戸谷　またしてもハンナ・アーレントの話をしたいんだけど、アーレントの思想の大きな特徴は、公的な領域と、私的な領域をはっきり分けていることです。前者では人々は対等で、政治のアクター（主体者）として語り合い、言論をつくっていく。一方、後者では自分の動物的な生命にとらわれていて、食べたり、寝たりをくり返している。食べたり、寝たりというのは、自分では選べませんよね。自分の意思と関係なく、お腹が空いて何かを食べたり、眠くなって寝たりしている。したがって、私的な領域で行なわれることは自由ではなく、つねに強制的なものだというのがアーレントの主張です。これに対して、公的な領域にはそうした強制がないために、自由な空間だと言われています。

そのうえでアーレントは、愛は私的な領域に属する、と言っています。先ほどの運命の話に近いんですが、人が誰かを愛するというのは、相手が何を語ったかとか、どんな政治的信条を持っているかとか、そういったこととはまったく関係なく、いわば運命のように惹かれてしまうからです。たとえ犯罪者でも、どんなに話の通じない奴でも、愛してしまったら愛してしまう。そこにはなんの理由もない。僕はわりとそうかなと思っています。

糸谷 私はやはり、そんなことは全然ないですよって言いたくなる。愛が冷めないのは、冷めたくないからですよ。

戸谷 先ほど糸谷さんが言った、家族さえも交換可能というか、合理的に選択できるものにするという考え方は、ある種、反アーレント的なんです。それは愛を公共のものにしていくという方向性だから。アーレントは「それでは愛の秘密は奪われてしまう」と言うわけですよ。

糸谷 アーレントは愛に特別な価値を置いていますよね。私はむしろ愛は偶然的で、そのうえで勘違いだと思っているので。

戸谷 アーレントの話を続けると、彼女は「愛は世界を破壊する」と言っています。ここで言う「世界」は、常識や公共空間のことですね。人が誰かを愛することは私的な領域なので、そこでは常識が通用しなくなるわけです。ただしアーレントは、子どもができると世界が戻ってくるとも言っています。子どもを教育しないといけないからですね。その意味で子どもは、愛を公共空間に結びつける、あるいは連れ戻す存在なんだと言うんです。

少し話を飛躍させれば、子どもをつくって父になる、母になるという体験は、私的領域の外部に出ることを意味する、と解釈できるかもしれません。そして、私的領域がある種の神話だとしたら、親になることで神話とその外側をつなぐことができるのかもしれない。とはいえ、ただこの話をしていくと、人はみんな結婚して子どもをつくったほうがいい、みたいな完全にアウトな話になるので、ちょっと問題がありますね。やはり、倫理の問題を考えるのは難しい、と思います。

糸谷　でも、幸福度的にはそうでしょうね。結婚は神話として優秀なんですよ。ヘイト・スピーチのデモに参加していた人が、デモを通じて知り合った女性と恋仲になったとたん、活動をやめたという話を聞いたことがあります。あるいは、ある神父さんが死の直前、生涯をかけて信仰してきたカトリックを捨てて、看病してくれた女性と結婚したという話も聞いたことがある。どちらの話も、所属する神話が変わったということですよね。神話は交換可能なんです。

対話を終えて

戸谷　僕は今回、糸谷さんと対話するにあたって、何かおたがいの接点を見出していこうと思っていたんです。それが何かなと考えたときに、やはり糸谷さんは勝負の世界に生きていて、戦いをくり返しながら生きているわけですよね。だけど多くの人は戦いに慣れていないし、敵対者が現れたら自分を脅かす存在として認定していく。その意味で、自分とは異なる価値観を持つ者や、場合によっては自分を攻撃してくる者とどう関わるかとか、論争や軋轢の中でどう関係性をつくっていけばいいのかとか、そういうことを糸谷さんから学べたらいいなって思っていたんです。

答えに近いものとしては、たとえ目の前の勝負に負けたとしても、負けを意味づけるような戦略があればよくて、それをどうデザインするかで日々のできごとの意味が変わっていくということ。これが「勝ち続けることはできない」という境地に達している糸谷さんの哲学だと思うんです。

一方、僕の視点からすると、それは強者の論理にも映る。みずから戦略的な目標を設定できるということ自体が、非常に強い人間だと思うんです。多くの人はそれができなくて、家族の言いなりになってしまったり、企業の言いなりになってしまったりしている。そうした状態から、少しでも息苦しさをなくすためにどうしたらよいのか。これが対話をして思ったことですね。

糸谷　戸谷さんとはベースは近いと思うんですけど、ところどころで意見が合わないところもありましたね。ただ、戸谷さんは非常に優しい人だなということを、改めて感じました。愛とかそういうものに対して倫理的だし、神話によって生かされている人のことを考えることもできる。私は自分の立場で考えてしまうことが多いので、戸谷さんの哲学者的な視点には驚かされました。

戸谷　自分の人生を意味づける目標や、あるいは神話や大きな物語は、簡単にはコントロールできません。糸谷さんのように自分で設定できる人もいれば、設定できない人もいる。では、設定できない人はどうしていけばよいのか？　大事な問いですね。

糸谷　私は代替を増やすことに尽きると思います。たったひとつしか神話が用意されていないこと、あるいはたったひとつの神話しか許されないという状況そのものが、改善されなければならないと思います。ある神話で生きることがつらくなったら、別の神話に乗り換えることができる。そして、そういう方向転換を誰も責めないし、当たり前のことのように受け入れられる。そういう空気をつくっていくことは大切だと思います。棋士の場合、自分の人生は自分でデザインしないといけないから、ある意味ではそういう空気は世間よりも共有されているのかもしれません。

戸谷　僕としては、教養を身につけたり、いろんなものを学んだりして他者を理解すること。自分とは異なる神話を、自分の神話と統合していくことが必要なんじゃないかなと思いました。ある意味では、恋愛もそういうものじゃないですか。まったく異なる神話を持つ人と突然出会ってしまい、自分の神話が相対化されてしまう。しかしそれは決して不幸ではない。恋愛だけでなく、尊敬できる人との出会いや、共感できる人との出会いにも言えると思います。こうした偶然の出会い――僕の言葉で言えば、自分が選択せずに出会ったものを理解すること。それが大事なのかなと、対話を終えて思っています。

あとがき

糸谷哲郎

まえがきにも書いてあるように、私と戸谷さんは大阪大学大学院文学研究科文化形態論専攻現代思想文化学専修という思わず舌を噛みそうな長いゼミに共に所属していた仲、でした。戸谷さんは強い向学の心と学識を備えながらも、一般的なことに対する興味と世俗に対する好奇心を失っていなかった。その姿は哲学科の学生としては異色ながらも、非常にまわりの人に愛される姿、そして多くの人々とわかり合うことのできる姿でもあったのでしょう。

後年の（それほどの年でもないが）戸谷さんの活躍、とくに『Jポップで考える哲学——自分を問い直すための15曲』（講談社）の出版や、主催する哲学カフェ、そして哲学講義など、様々な行ないがその世俗への好奇心にもとづいているのではないかと、いまから思い起こされます。

戸谷さんの専門はハンス・ヨナスというドイツの生命倫理を主軸とした哲学者で、ニーチェ、そしてハイデガーの研究者が多いゼミでは珍しい発表を行なってくれていました。生命倫理にあまり見識のない私たちにとってはヨナスの話は目新しく、つい色々と質問をしてしまうことが多かったように思います。しかし、戸谷さんは嫌な顔をたまにしかせず質問に答えてくれていたし、説明が足りなかった、もしくはヨナスの主張の根拠がよくわからないときには潔くそれを認めていました。君子は豹変すとの言葉もありますが、まさにそのように自分の非を認め、改めることに躊躇がない人柄を表したものでしょう。

数少ない同じゼミの同級生として、私と戸谷さんは色々と語り合いました。それはゼミの後、空に暗い帳《とばり》が下りた後に大学のおんぼろなベンチの傍でコーヒーを飲みながら、さらには空いた腹を満たすために、そして虚ろな心を満たすために酒を酌み交わしながら、または失われた情熱をぶつけるために歌を唄いながら。話は哲学の研究対象の話だったり、これから哲学がどのように社会の中で活かされるべきかといったような話、そして本の話、まわりの人々の話。また戸谷さんはアイドルソングが上手で、なかなかアイドルソングを聴かない私には非常に勉強になる内容でした。

そのうち、彼は留学に行き、私は将棋界での忙しさを増し、大学を休学するようになり段々とあまり会えなくなってしまったのですが、留学から帰ってきたときの戸谷さんは相変わらず世俗的な話をしていて、「ああ、変わらないなぁ」とほっとしたのを覚えています。ドイツに行ったくらいで彼の人好きのする人柄は変わらなかったですし、初めての本を出したときも、指導教授の須藤先生に献本をしに行くように勧めたときも恥ずかしがっていました。私なぞ将棋の本を献本しに行ったのだから、堂々と哲学の本を献本しに行けばよいのに、恥ずかしがるその姿には初々しさを覚え、微笑を禁じえませんでした。

そんな、なんだかんだ馬鹿を言える間柄ではありますが、彼とこれだけ色々なことについてしゃべることができたのは久しぶりでした。大学時代の悪友とこれだけしゃべることができる機会も仕事につくとなかなかないものでした。内容も新鮮で、これだけ彼と哲学やもっと世俗的な話でなく真面目な話をしたのは初めてかもしれません。哲学の話をするゼミではつねに緊張感が走っていましたが、哲学の話があまり出ないとこれだけ和気藹々としゃべることができるのだというのもまたひとつ新たな発見でした。

本書の章についても、すべてを読み切られてここにたどり着かれた方も多いだろうけれど、あとがきから読み始める方もいらっしゃるだろうと思うので一応内容に触れておきたいと思います。

戸谷さんは本書を「戦い」をテーマとした一冊としてとらえており、ビジネスにおいてすぐ役立つものではない、と書いています。しかし、できるならばそこにひと言付け足したい。この本はもしかしたらあなたの考えに一滴の清涼剤をもたらすかもしれません、と。

学生時代にはまず一人の哲学者を追いかけることが必要だという話をよく耳にしました。その意図するところは、私たちの持つ現代的な眼のみで物事をとらえるのではなく、その哲学者ならどう考えるか、その眼を持ちなさいということだったのではないかといまは考えています。

人間は自分の世界、状況の中で生きていかなければならない、という制約があるため、その中で生きる効率を最大限にするためかどうかはわかりませんが、どうしても自分の立場、イデオロギーなどの方向から物事や議論を見てしまうこととなります。しかし、そこで仮に他者の立場やイデオロギーに立って、そこから物事を見つめ直すことができたならば、より視界が広がるのではないかと思います。

一円玉が貨幣制度のない国の人にとっては単なるアルミニウムであるにもかかわら

ず日本人にとっては単なるアルミニウム以上の意味を持つ物体であるように、物事は決して一面的などではなく、その人物の立場によって様々に移り変わるものです。自分の立場からではなくこういう見方もあるんだ、というようなひとつのサンプルとして本書を読んでいただければ幸いです。

対談においては、どうもしゃべっていると余計なことまで色々と話してしまいますので、各章に関して多少の解題を行ないます。

第一章では、「勝負論」をテーマとした議論になります。「勝負」そのものは将棋の世界では非常にわかりやすく、一局一局について一対一の勝負となり、そして決着がつく。しかし、読者諸賢も（日頃から勝負続きの方もいらっしゃるかもしれませんが）長い目で見ればある種の「勝負」をしていると言えるでしょう。出世競争でしたり、受験競争でしたり、もしくは恋愛における競争といった色々な種類はあるかもしれませんが、人との比較や「勝負」なしに人生を歩むというのは非常に難しいものです。

そのことはもちろん「対人」の勝負を避け続ける戸谷さんにも言えることで、ある種の目的をもとにその人生を歩むのか、そうでないのか。ここではあえて「戦略」と「戦術」を使い分けていますが、このふたつはどちらも何らかの「勝負」に勝つ術としては同じものです――その「勝負」をどこに置くかという点においては（そしてそれが最大の問題ではありますが）非常に違うのですが。

たとえば、受験勉強においては、どこを受けるか、そしてその受験のためにどのような対策をするかということが「戦略」であり、実際の勉強、そして本番における受験への心構えなどが戦術です。「戦略」のほうが重要な位置にありますが、もちろん「戦術」も欠かしてはならないものです。そしてこのふたつを見据えるうえで必要なのは、自然に人生を送る限り、何らかの目標、もしくは自分自身と「勝負」（もちろんほかの言い方で言い換えても構わない）しているのではないかという問題意識、自分が勝利する場所を見定めるということではないでしょうか。

第二章では、「人工知能」の話をしています。現在様々なところで人工知能は人間の能力を上回っています。それは将棋であったり、計算であったり、もしくは哲学もいずれそうなるのかもしれません。人間が人工知能に（将来的にも）勝る、もしくは有する特権的な「何か」は果たしてあるのでしょうか？

自我、心、意識などは人間および動物にしかないものだという言説はいまだに力を持っています。そしてまた実際の心情で言えば、私はそうした特権的な能力が人間にあってほしいと願っていましたし、生―死は人間にしかないものだと声高らかに言えるのではないかと思っていました。しかしそれは現状単なる願いにしか見えません。

人間が昔は人工知能に追いつかれないと自信を持って断言できていたこと、七〇年前なら断言できたであろうことの多くは、いままさに追いつかれかけている、そしてまた追い越されたものです。はたしていま特権として残されている機能はそれらの仲間ではないと、大手を振って主張できるでしょうか？　戸谷さんが人間の特権として守ろうとしたいところは理解できます。しかしそれははたして五〇年後、もしくは一〇〇年後にも言えることなのでしょうか？

第三章では、「哲学」と「社会」という、つながっているようであまりつながっていないものをテーマにしています。戸谷さんの専門である、そして私も学んでいた哲学を皮切りに、様々な問題を読み解こうとしています。

実際の社会は哲学がよく問題とする抽象的な事象よりもさらに多くの問題を孕んでいるものです。卑近な問題でも、自分に関係ない問題であれば公平に考えることができることが多いですが、自分に深く関係する問題ではなかなかそうはいきません。ただそれでも、自身の立場を離れて考えるということは一定の意味を持つと思います。

第四章では、世代論を取り扱っています。昭和六三年生まれの私たちは、平成最後の年を丁度三〇歳で迎えます。段々と社会の中核へと近づいていく年代になり、平成とともに青春が終わろうとしています。不景気なのか好景気なのかも判断のつかない、未来の成長を信じることも難しいわれわれの世代が、幸福に生きるにはどうしたらよいのか、昔からの哲学のテーマである「よりよく生きる」ではないですが、満足のいくように生きるにはどうしたらよいのかということを考えてきました。私たちの対話はまだまだ未熟なものですが、皆さまへの多少のヒントとなればと考えます。

ここまで読んでくださった読者諸賢、長々とありがとうございました。御多忙の中、快く推薦文を引き受けてくださった同期の佐藤天彦名人、そして出版にかかわってくださった皆様、ありがとうございます。そして本書を手にとられたばかりの方、もしくはあとがきから読み始めた方、最後まで読まなくても大丈夫ですので、本書が何かひとつでも役立つことがあれば幸いです。

戸谷洋志 とや・ひろし

1988年、東京都世田谷区生まれ。専門は哲学、倫理学。
大阪大学大学院博士課程満期取得退学。
現在は追手門学院大学の特任助教。
現代思想を中心に、科学技術をめぐる倫理のあり方を
研究している。第31回暁烏敏賞受賞。著書に
『Jポップで考える哲学ー自分を問い直すための15曲』(講談社、2016年)、
『ハンス・ヨナスを読む』(堀之内出版、2018年)がある。

糸谷哲郎 いとだに・てつろう

1988年生まれ。将棋棋士。八段。
2014年に羽生善治を挑戦者決定三番勝負で破り、
森内俊之から竜王位を奪取、久々の20代タイトル保持者となった。
現役の棋士として初めて国立大学へ進学し、大阪大学文学部にて
哲学・思想文化学を研究。大学院ではハイデガー及び
ヒューバート・ドレイファスを研究し修士学位を取得。
著書に『現代将棋の思想　一手損角換わり編』(マイナビ、2013年)、
共著に『糸谷＆斎藤の現代将棋解体新書』(マイナビ、2016年)がある。

僕《ぼく》らの哲学的対話《てつがくてきたいわ》　棋士《きし》と哲学者《てつがくしゃ》

2018年12月20日　初版第1刷発行

著　　者　戸谷洋志《とやひろし》　糸谷哲郎《いとだにてつろう》

発 行 人　北畠夏影
編　　集　藁谷浩一
発 行 所　株式会社イースト・プレス
郵便番号　101-0051
東京都千代田区神田神保町 2-4-7　久月神田ビル
電　話　03-5213-4700
ＦＡＸ　03-5213-4701
http://www.eastpress.co.jp
デザイン　寄藤文平＋吉田考宏（文平銀座）
ＤＴＰ　臼田彩穂
編集協力　石井晶穂
印 刷 所　中央精版印刷株式会社

定価はカバーに表記してあります。乱丁・落丁本がありましたらお取替えいたします。

ISBN978-4-7816-1735-0